A arte de fazer arte

1º ano
Brincadeira

DENISE AKEL HADDAD

Escultora e artista plástica
Pós-graduada em Psicopedagogia e Arteterapia pela Universidade Paulista de Arte
Licenciada em Educação Artística – especialização em Artes Plásticas pela Faculdade de Comunicação e Arte da Universidade Mackenzie
Professora da rede de ensino particular do estado de São Paulo

DULCE GONÇALVES MORBIN

Licenciada em Educação Artística pela Faculdade Marcelo Tupinambá
Habilitada pelo Instituto Musical de São Paulo em Ensino Artístico Musical
Professora da rede de ensino estadual e particular do estado de São Paulo

PRISCILA DE CARVALHO OKINO

Licenciada em Educação Artística – especialização em Artes Plásticas pela Escola de Comunicação e Artes da Universidade de São Paulo
Professora da rede de ensino particular do estado de São Paulo

A arte de fazer arte 1º ano
© Denise Akel Haddad, Dulce Gonçalves Morbin, Priscila de Carvalho Okino, 2013
Direitos desta edição:
Saraiva Educação S.A.
Todos os direitos reservados

Dados Internacionais de Catalogação na Publicação (CIP)
(Câmara Brasileira do Livro, SP, Brasil)

Haddad, Denise Akel
  A arte de fazer arte, 1º ano / Denise Akel Haddad, Dulce Gonçalves Morbin, Priscila de Carvalho Okino. – 2. ed. – São Paulo : Saraiva, 2013.

Obra em 5 v.
Suplementado por manual do professor.
Bibliografia.
ISBN 978-85-02-20675-5 (aluno)
ISBN 978-85-02-20676-2 (professor)

1. Artes – Ensino fundamental 2. Artes – Estudo e ensino I. Morbin, Dulce Gonçalves. II. Okino, Priscila de Carvalho. III. Título.

13-06746   CDD-372.5

Índices para catálogo sistemático:

1. Artes : Ensino fundamental   372.5
2. Educação artística : Ensino fundamental   372.5

Gerente editorial	M. Esther Nejm
Editor	Eneida Célia da Silva Gordo
Editores assistentes	Myrian Kobayashi Yamamoto, Paulo Ribeiro
Edição de texto	Glaucia Amaral
Coordenador de revisão	Camila Christi Gazzani
Revisão	Ana Maria Viegas, Cecília Farias, Elza Martha Doring, Mariana Belli
Assistente de produção editorial	Rachel Lopes Corradini
Coordenador de iconografia	Cristina Akisino
Pesquisa iconográfica	Márcia Trindade, Cristiano Vieira, Alice Bragança
Gerente de artes	Ricardo Borges
Coordenador de artes	Aderson Oliveira
Produtor de artes	Narjara Lara
Capa	Megalo Design com imagem de SS/Glow Images
Vinhetas	Lúcia Brandão
Diagramação	Estúdio Sintonia
Ilustrações	Glair Alonso Arruda, Lúcia Brandão
Assistente de produção e arte	Regiane de Paula Santana
Tratamento de imagens	Emerson de Lima
Produtor gráfico	Robson Cacau Alves
Impressão e acabamento	A.R. Fernandez

073.463.002.008

Editora Saraiva
SAC 0800-0117875
De 2ª a 6ª, das 8h30 às 19h30
www.editorasaraiva.com.br/contato

Avenida das Nações Unidas, 7221 – 1º andar – Setor C – Pinheiros – CEP 05425-902

APRESENTAÇÃO

VOCÊ SABE O QUE É ARTE?

A ARTE PODE SER MUITO MAIS DO QUE DESENHAR, PINTAR, RECORTAR E COLAR.

NESTE LIVRO, COM BRINQUEDOS E BRINCADEIRAS, VOCÊ ESTARÁ EM CONTATO COM VÁRIAS OBRAS DE ARTE E SEUS AUTORES.

CUIDE BEM DE SEU LIVRO, POIS ELE SERÁ SEU COMPANHEIRO DURANTE O ANO INTEIRO, NUMA VIAGEM PELO MUNDO DAS ARTES.

LÚCIA BRANDÃO

SUMÁRIO

TEMA NORTEADOR BRINCADEIRA

PRIMEIRO BLOCO — BRINCANDO COM A ARTE, 6

TEMA 1 BRINCADEIRAS DESENHADAS, 7
- ATIVIDADE – BRINCADEIRA PREFERIDA, 8
- OLHO-VIVO, 9
- MÁQUINA DO TEMPO, 10
- ATIVIDADE – LINHA HUMANA, 11
- LABORATÓRIO DA ARTE, 12
- BAÚ DE CURIOSIDADES, 13
- DESENHO-BRINCADEIRA, 14
- ATIVIDADE – DITADO DE LINHAS, 15
- BRINCANDO, 17
- PRAZER EM CONHECER, 18

TEMA 2 PINTANDO O SETE, 19
- ATIVIDADE – ESCOLHENDO AS CORES, 20
- OLHO-VIVO, 21
- CORES PRIMÁRIAS, 22
- DESENHO COM FORMAS E CORES PRIMÁRIAS, 23
- LABORATÓRIO DA ARTE, 24
- ATIVIDADE – PINTURA, 25
- BAÚ DE CURIOSIDADES, 27
- ATIVIDADE – MANDALA, 28
- BRINCANDO, 29
- PRAZER EM CONHECER, 30

TEMA 3 BRINQUEDO-ARTE, 31
- ATIVIDADE – BRINQUEDOS MISTURADOS, 32
- OLHO-VIVO, 33
- ATIVIDADE – ARTE DE BRINQUEDO, 34
- MÁQUINA DO TEMPO, 35
- ERA UMA VEZ... UMA CAIXA DE LEITE!, 36
- ATIVIDADE – MEU *TOY ART*, 37
- BAÚ DE CURIOSIDADES, 39
- BRINQUEDÃO, 40
- BRINCANDO, 41
- PRAZER EM CONHECER, 42

SEGUNDO BLOCO — A ARTE DE FAZER BRINQUEDOS, 43

TEMA 4 BRINQUEDOS DA CULTURA POPULAR, 44
- OLHO-VIVO, 45
- MAIS BRINQUEDOS, 46
- BLOQUINHO DE ANOTAÇÃO, 47
- MÁQUINA DO TEMPO, 48
- BAÚ DE CURIOSIDADES, 49
- LABORATÓRIO DA ARTE, 50
- ATIVIDADE – "ISOGRAVURA", 51
- BRINCANDO, 53
- ATIVIDADE – DESENHO DE OBSERVAÇÃO, 54
- BRINQUEDOS INDÍGENAS, 55
- ATIVIDADE – BRINCANDO COM ARGILA, 56
- PRAZER EM CONHECER, 57

TEMA 5 CRIAÇÕES DE SUCATA, 58
- ATIVIDADE – TRANSFORMADOR DE EMBALAGENS, 59
- OLHO-VIVO, 60
- BAÚ DE CURIOSIDADES, 61
- LABORATÓRIO DA ARTE, 62
- BRINCANDO, 63
- JOGO DA VELHA, 64
- ATIVIDADE – MANUAL DE INSTRUÇÕES, 65
- MÁQUINA DO TEMPO, 67
- BICHO DOBRADO, 68
- PRAZER EM CONHECER, 69

SUGESTÕES PARA O FECHAMENTO DO ANO
BRINCADEIRAS REUNIDAS, 70
- UMA IMAGEM PARA MUITAS IDEIAS, 71
- UMA HISTÓRIA PARA A IMAGEM, 72
- 1ª SUGESTÃO – OFICINA DE CARRINHOS, 73
- INSTRUÇÕES PARA UMA PISTA DE CARRINHOS, 74
- 2ª SUGESTÃO – CARRINHO DE PAPELÃO, 75
- 3ª SUGESTÃO – LIVRO, 76
- ATIVIDADE – CAPA DO LIVRO, 77
- 4ª SUGESTÃO – TEATRO, 78
- ATIVIDADE – CONVITE, 79

FOLHAS EXTRAS
- AMARELINHA COLORIDA, 81
- DESENHO QUE É BRINCADEIRA, 83
- COLAGEM COM FORMAS E CORES PRIMÁRIAS, 85
- BRINQUEDÃO PARA PARQUE, 87
- BONECO ARTICULÁVEL, 89
- PLACA PARA SUCATÁRIO, 91
- CARRINHO PARA MONTAR, 93
- PISTA PARA CARRINHOS, 95

ILUSTRAÇÕES: GLAIR ARRUDA

TEMA NORTEADOR
BRINCADEIRA

SERÁ QUE ARTE E BRINCADEIRA COMBINAM? É O QUE VAMOS DESCOBRIR NESTE LIVRO.

VIAJAREMOS PELO UNIVERSO DA ARTE PARA DESCOBRIR BRINQUEDOS, BRINCADEIRAS E JOGOS BEM INTERESSANTES.

QUE TAL CONHECERMOS ALGUNS AMIGOS E CONVIDÁ-LOS PARA BRINCAR CONOSCO NESTA AVENTURA?

OLÁ, EU SOU A _____.

TENHO 6 ANOS E GOSTO MUITO DE DESENHAR.

ESTOU MUITO CURIOSA PARA DESCOBRIR OUTRAS MANEIRAS DE BRINCAR COM A ARTE.

EU ADORO SOLTAR PIPA E DEIXAR MINHA IMAGINAÇÃO VOAR.

SOU O _____.

TENHO 7 ANOS E TAMBÉM VOU ACOMPANHAR VOCÊ NESTA VIAGEM.

GLAIR ARRUDA

PRIMEIRO BLOCO
BRINCANDO COM A ARTE

BRINCADEIRA NÃO É ASSUNTO EXCLUSIVO DE CRIANÇAS.

MUITOS ADULTOS SE INTERESSAM PELO TEMA E VÁRIOS ARTISTAS FAZEM OBRAS PENSANDO EM BRINCADEIRAS.

RODANDO O PIÃO (2005) – SANDRA GUINLE – SÉRIE "MEMÓRIAS DE UMA INFÂNCIA". BRONZE.

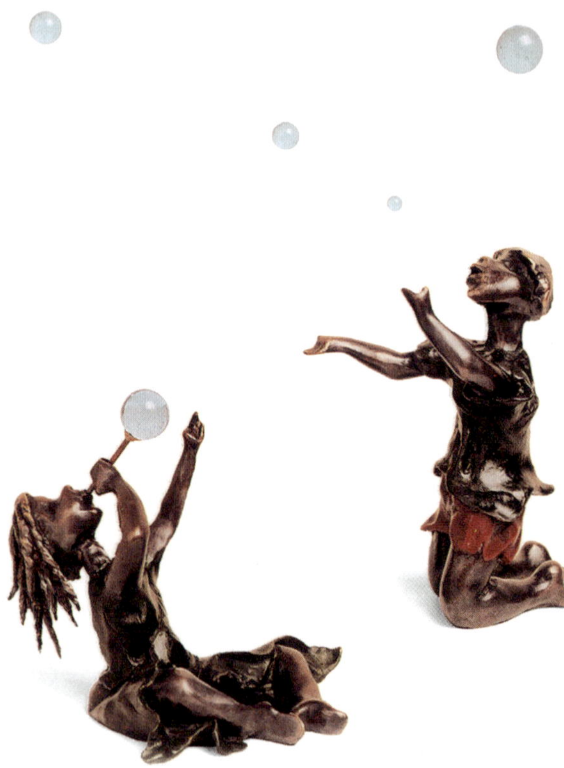

A ARTISTA SANDRA GUINLE RELEMBRA BRINCADEIRAS DE SUA INFÂNCIA PARA CRIAR SUAS ESCULTURAS.

VOCÊ CONHECE ALGUMA DESSAS BRINCADEIRAS?

BOLINHAS DE SABÃO (2005) – SANDRA GUINLE – SÉRIE "MEMÓRIAS DE UMA INFÂNCIA". BRONZE.

AMARELINHA (2005) – SANDRA GUINLE – SÉRIE "MEMÓRIAS DE UMA INFÂNCIA". BRONZE.

TEMA 1 — BRINCADEIRAS DESENHADAS

NESTE TEMA, VOCÊ VAI CONHECER ARTISTAS QUE DESENHARAM OU PINTARAM BRINCADEIRAS. VAI DESCOBRIR TAMBÉM JEITOS DE BRINCAR DESENHANDO.

MENINOS NA GANGORRA (1960) – CANDIDO PORTINARI – ÓLEO SOBRE TELA (81 X 64 CM).

PALHACINHOS NA GANGORRA (1957) – CANDIDO PORTINARI – ÓLEO SOBRE MADEIRA COMPENSADA (54 X 65 CM).

VOCÊ CONSEGUE DIZER O QUE HÁ DE DIFERENTE NESSAS DUAS IMAGENS?

ATIVIDADE BRINCADEIRA PREFERIDA

DESENHE AQUI SUA BRINCADEIRA PREFERIDA.

OLHO-VIVO

QUAL A BRINCADEIRA REPRESENTADA NA PINTURA?

ONDE ESTÃO AS CRIANÇAS?

QUE DESENHO ELAS ESTÃO FORMANDO?

GLAIR ARRUDA

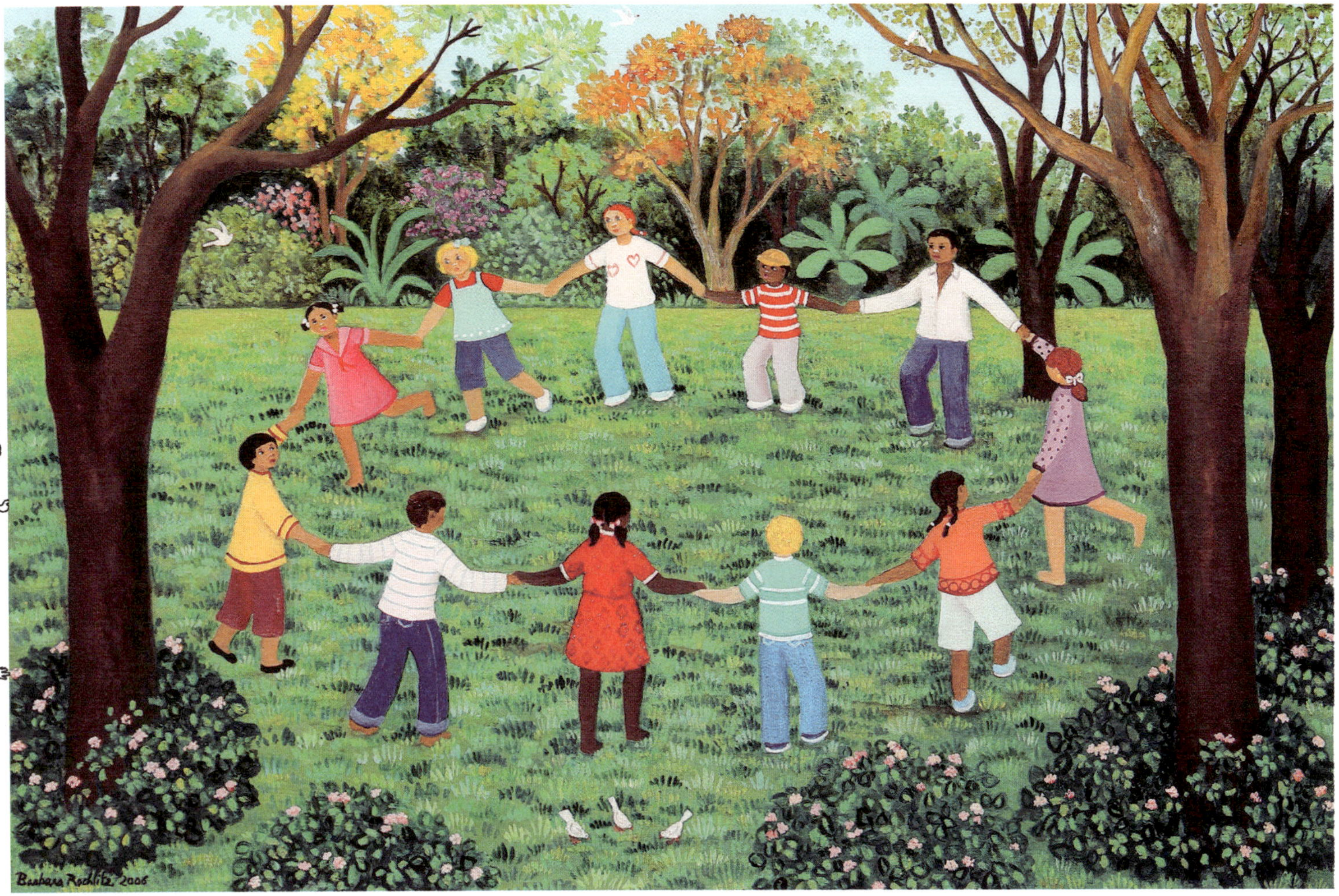

CIRANDA NO JARDIM (2006) – BARBARA ROCHLITZ – ÓLEO SOBRE TELA (40 X 60 CM).

9

MÁQUINA DO TEMPO

QUANDO MILTON DACOSTA FEZ ESTA PINTURA, BARBARA ROCHLITZ TINHA APENAS 1 ANO DE IDADE.

NESSA ÉPOCA, ERA COMUM AS CRIANÇAS BRINCAREM NA RUA. AS BRINCADEIRAS DE RODA, POR EXEMPLO, REUNIAM MENINOS E MENINAS DE VÁRIAS IDADES.

OS DOIS ARTISTAS PINTARAM ESSE TEMA, MAS CADA UM DE SEU JEITO.

AS LINHAS DE MILTON DACOSTA SÃO BEM MARCADAS E PARECEM TER SIDO FEITAS COM UMA RÉGUA.

AS LINHAS DA BARBARA SÃO MAIS LIVRES E SOLTAS.

RODA (1942) – MILTON DACOSTA – ÓLEO SOBRE TELA.

ATIVIDADE   LINHA HUMANA

VOCÊ SABIA QUE UMA LINHA É COMPOSTA POR VÁRIOS PONTOS, UM AO LADO DO OUTRO?

UMA FORMA DE ENTENDER MELHOR O QUE É UMA LINHA É PENSAR EM UMA RODA. CADA CRIANÇA É UM PONTO E A RODA É A LINHA.

SERÁ POSSÍVEL DESENHAR OUTRAS FORMAS COM UMA LINHA HUMANA?

DESENHE ESSAS FORMAS NO ESPAÇO AO LADO.

LABORATÓRIO DA ARTE

EXISTEM VÁRIOS TIPOS DE LINHAS:

- FINAS OU GROSSAS;

- RETAS OU CURVAS;

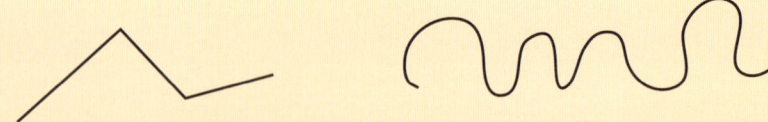

- FECHADAS OU ABERTAS.

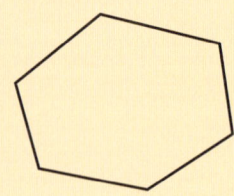 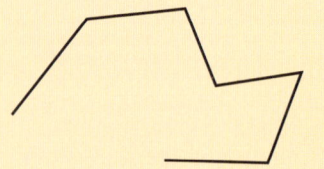

VAMOS FAZER UM TRABALHO COM LINHAS?

JUNTE LINHAS DE VÁRIOS TIPOS: BARBANTE, LÃ, ARAME, LINHA DE COSTURA, DE PIPA ETC. COLE-AS SOBRE UM PEDAÇO DE PAPELÃO, FORMANDO DESENHOS. VEJA UM EXEMPLO:

ACERVO DA AUTORA

ESSE FUI EU QUE FIZ!

GLAIR ARRUDA

12

BAÚ DE CURIOSIDADES

VOCÊ DEVE TER PERCEBIDO QUE ALGUMAS BRINCADEIRAS NECESSITAM APENAS DAS PESSOAS PARA SEREM REALIZADAS. PORÉM, OUTRAS PRECISAM TAMBÉM DE UM DESENHO. É O CASO DA AMARELINHA.

ANTES DE BRINCAR, É NECESSÁRIO DESENHAR A AMARELINHA NO CHÃO.

CARACOL

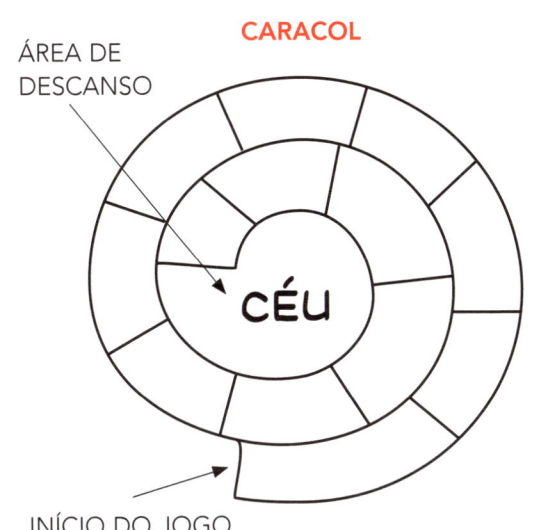

AMARELINHA DO CACO

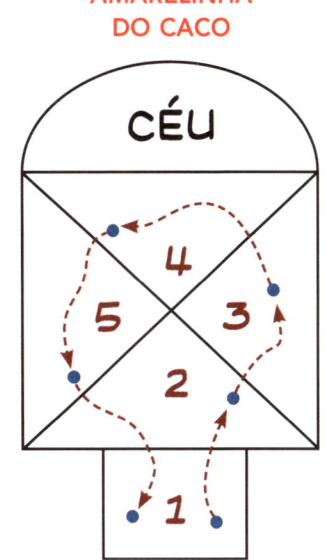

AMARELINHA TRADICIONAL

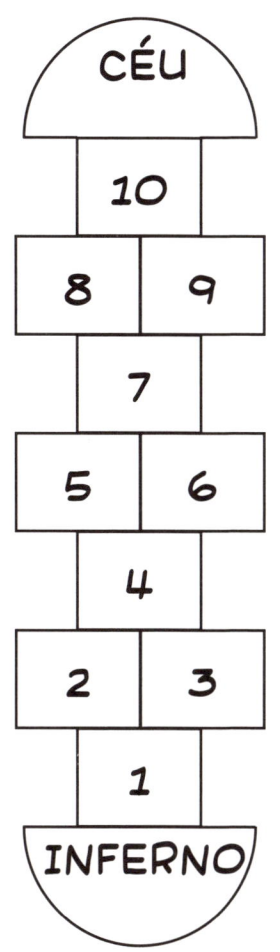

VAMOS INVENTAR UMA AMARELINHA COM UM DESENHO BEM DIFERENTE?

GLAIR ARRUDA

INVENTE UMA AMARELINHA COM UM DESENHO DIFERENTE.
ELABORE O PROJETO DE SUA AMARELINHA NA PÁGINA 81, NO FINAL DO LIVRO.
CONTORNE COM CANETA PRETA E PREENCHA CADA ESPAÇO COM UMA COR DIFERENTE.
DEPOIS, REGISTE AS REGRAS DE SUA AMARELINHA NA PÁGINA 82, NO FINAL DO LIVRO.

DESENHO-BRINCADEIRA

VEJA, NESTA PÁGINA, TRÊS EXEMPLOS DE DESENHOS QUE SÃO BRINCADEIRAS. ESCOLHA UM DELES E USE A PÁGINA 83, NO FINAL DO LIVRO, PARA REALIZÁ-LO.

DESENHO CONTINUADO

UMA PESSOA COMEÇA O DESENHO, PASSA O DESENHO PARA A PESSOA AO LADO, E ASSIM POR DIANTE.

ESCONDE-ESCONDE DESENHADO

EM UMA FOLHA DE PAPEL GRANDE, UM ALUNO FAZ TRAÇOS LIVRES COM OS OLHOS FECHADOS, UTILIZANDO LÁPIS GRAFITE. DEPOIS, ABRE OS OLHOS E PROCURA DESENHOS ESCONDIDOS NO EMARANHADO DE LINHAS QUE SE FORMOU.

SIGA O MESTRE

UM ALUNO DESENHA NA LOUSA. OS COLEGAS DESENHAM NO PAPEL, SEGUINDO OS TRAÇOS FEITOS POR QUEM ESTÁ NA LOUSA. A BRINCADEIRA CONTINUA ATÉ QUE ALGUÉM DESCUBRA O QUE ESTÁ SENDO DESENHADO E TROQUE DE LUGAR COM QUEM ESTÁ NA LOUSA.

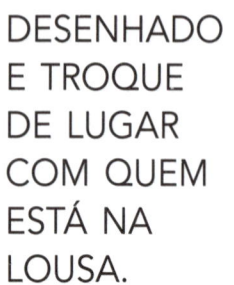

ILUSTRAÇÕES: GLAIR ARRUDA

ATIVIDADE — DITADO DE LINHAS

AS LINHAS TAMBÉM PODEM TER CARACTERÍSTICAS EXPRESSIVAS.

VOCÊ CONSEGUE IMAGINAR UMA LINHA NERVOSA? E UMA CALMA? E UMA LINHA MUSICAL?

DESENHE ESSAS LINHAS NO ESPAÇO AO LADO.

TÍTULO: _____

ALUNO: _____ Nº: _____ ANO: _____

BRINCANDO

NA BRINCADEIRA "CAMA DE GATO", SÃO FORMADAS FIGURAS COM UM PEDAÇO DE BARBANTE TRANÇADO ENTRE OS DEDOS.

SIGA AS INSTRUÇÕES PARA FAZER UMA "VASSOURA DE BRUXA". DEPOIS, MOSTRE O QUE FEZ PARA SEUS COLEGAS.

MENINA INDÍGENA BRINCANDO COM BARBANTE. TRIBO GUARANI MBYÁ, EM PARELHEIROS, SÃO PAULO-SP (2009).

MATERIAL NECESSÁRIO

- UM PEDAÇO DE BARBANTE DE APROXIMADAMENTE 2 METROS

INSTRUÇÕES

1. DÊ UM NÓ NO BARBANTE UNINDO AS DUAS PONTAS. COLOQUE-O ENTRE O POLEGAR E O DEDO MÍNIMO, COMO INDICADO NA FIGURA. PUXE PARA BAIXO A PARTE DO BARBANTE INDICADA COM A SETA.

2. PUXE NOVAMENTE PARA BAIXO A PARTE INDICADA COM A SETA.

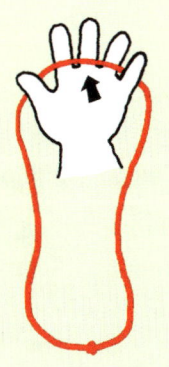

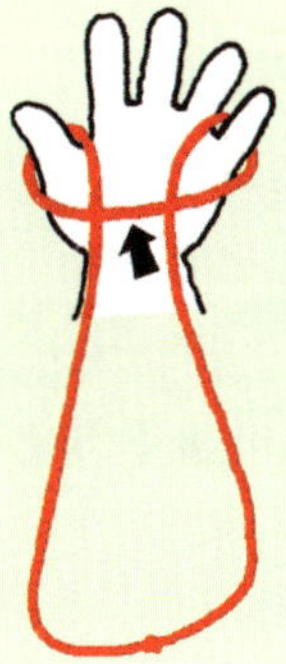

3. OBSERVE SE A FIGURA FORMADA PELO BARBANTE ESTÁ PARECIDA COM O DESENHO.

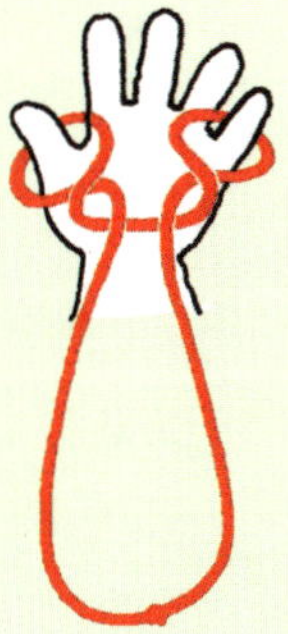

4. PASSE A OUTRA MÃO POR DENTRO DA ALÇA MAIOR E PUXE AS DUAS ALÇAS LATERAIS.

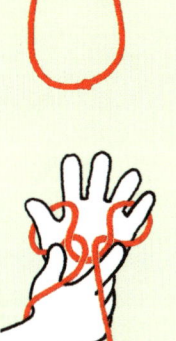
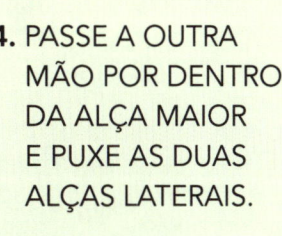

5. ENCAIXE OS DEDOS NOS ESPAÇOS INDICADOS PELAS LETRAS. JOGUE AS DUAS ALÇAS GRANDES PARA TRÁS DA MÃO.

6. PUXE PARA BAIXO A PARTE INDICADA COM A SETA.

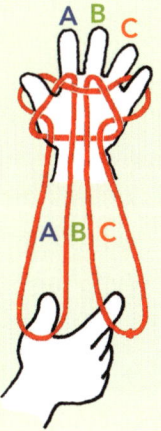
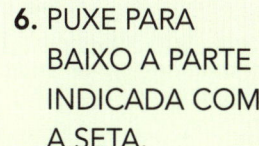

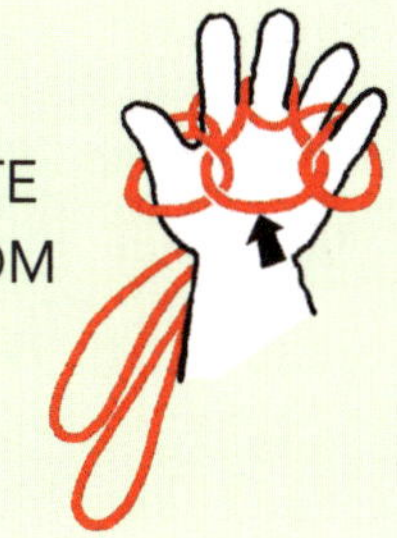

7. PRONTO! ESTA É A SUA "VASSOURA DE BRUXA"!

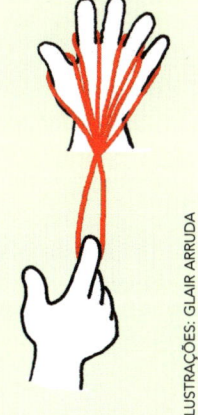

ILUSTRAÇÕES: GLAIR ARRUDA

PRAZER EM CONHECER

NESTE TEMA, ESTUDAMOS OBRAS DE ALGUNS ARTISTAS. NESTA PÁGINA, VOCÊ PODE CONHECER UM POUCO MAIS SOBRE UM DELES.

CANDIDO PORTINARI
(BRODÓSQUI-SP, 1903 – BRODÓSQUI-SP, 1962)

PORTINARI GUARDOU MUITAS RECORDAÇÕES DE QUANDO ERA CRIANÇA E VIVIA NO INTERIOR DE SÃO PAULO.

DESDE CEDO ELE MANIFESTOU SEU GOSTO PELA ARTE: AOS 11 ANOS DESENHOU SUA PRIMEIRA CARICATURA.

EM MUITAS DE SUAS OBRAS, PODEMOS OBSERVAR QUE PORTINARI TEVE UMA INFÂNCIA BASTANTE DIVERTIDA.

ADOREI ESSA PINTURA DO PORTINARI!!!

MENINOS SOLTANDO PIPAS (1943) – CANDIDO PORTINARI – GUACHE SOBRE PAPEL (16 X 11,5 CM).

18

TEMA 2 — PINTANDO O SETE

"PINTAR O SETE" SIGNIFICA "FAZER BAGUNÇA OU TRAVESSURA" OU "DIVERTIR-SE À VONTADE". ISSO NÃO QUER DIZER QUE, PARA PINTAR, PRECISAMOS FAZER BAGUNÇA.

NESTE TEMA, VOCÊ VAI CONHECER ARTISTAS QUE GOSTAVAM MUITO DE PINTAR E SE DIVERTIR COM O USO DAS CORES.

VOCÊ ACHA DIVERTIDO PINTAR E MISTURAR CORES?

GLAIR ARRUDA

CARNAVAL EM MADUREIRA (1924) – TARSILA DO AMARAL – ÓLEO SOBRE TELA (76 X 63 CM).

ACERVO FUNDAÇÃO JOSÉ E PAULINA NEMIROVSKY, SÃO PAULO, BRASIL

ATIVIDADE ESCOLHENDO AS CORES

PINTE ESTE DESENHO DE TARSILA DO AMARAL COM CORES DE SUA ESCOLHA. PROCURE USAR CORES BEM VARIADAS.

DEPOIS, COMPARE COM OS TRABALHOS DE SEUS COLEGAS.

PERCEBA COMO AS CORES SÃO CAPAZES DE MODIFICAR UM DESENHO.

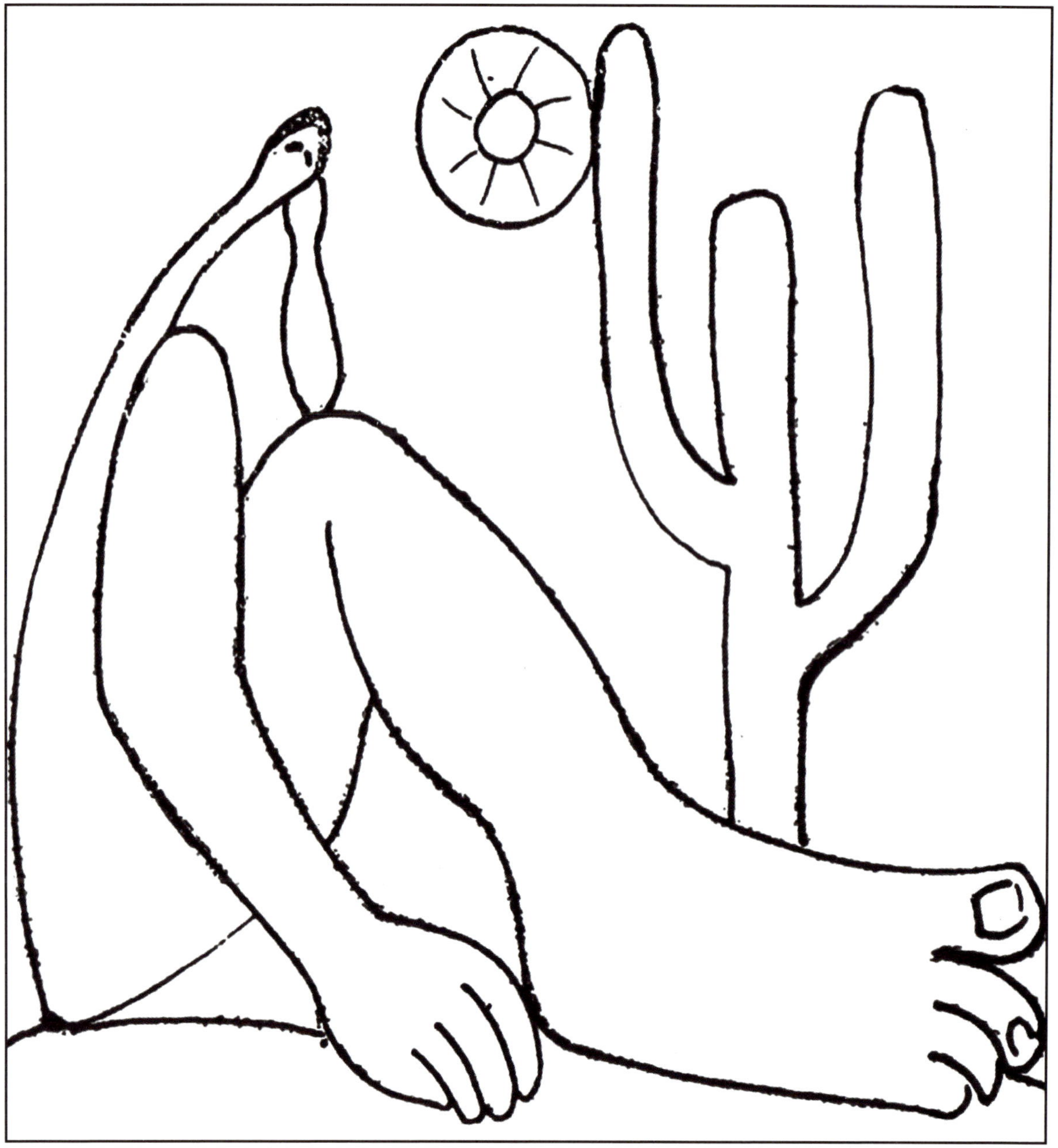

DESENHO DO ABAPORU (1928) – TARSILA DO AMARAL – ILUSTRAÇÃO PUBLICADA NA *REVISTA DE ANTROPOFAGIA*, ANO 1, N. 1, MAIO DE 1928.

OLHO-VIVO

VEJA ESTE QUADRO DO PINTOR HOLANDÊS PIET MONDRIAN.

QUANTAS E QUAIS CORES O ARTISTA USOU NESTA PINTURA?

POR QUE SERÁ QUE ELE ESCOLHEU ESSAS CORES?

GLAIR ARRUDA

MUSEU DE ARTE MODERNA, NOVA YORK, EUA

BROADWAY BOOGIE-WOOGIE (1942-1943) – PIET MONDRIAN – ÓLEO SOBRE TELA (127 X 127 CM).

CORES PRIMÁRIAS

O PINTOR MONDRIAN ESTAVA INTERESSADO EM ESTUDAR, EM SUAS OBRAS, AS FORMAS E AS CORES BÁSICAS.

POR ISSO, ELE USAVA FORMAS GEOMÉTRICAS, COMO O QUADRADO E O RETÂNGULO, E TAMBÉM USAVA CORES PURAS OU PRIMÁRIAS.

EXISTEM APENAS TRÊS CORES PRIMÁRIAS:

QUAIS SÃO AS FORMAS GEOMÉTRICAS ABAIXO QUE ESTÃO PINTADAS COM AS CORES PRIMÁRIAS?

VERMELHO

AZUL

AMARELO

DESENHO COM FORMAS E CORES PRIMÁRIAS

RECORTE VÁRIAS FORMAS GEOMÉTRICAS NAS CORES PRIMÁRIAS (VERMELHO, AZUL E AMARELO).

BRINQUE COM AS FORMAS, COMPONDO DESENHOS DIFERENTES SOBRE A PÁGINA 85, NO FINAL DO LIVRO.

EM SEGUIDA, NA PÁGINA 85 COLE O DESENHO QUE MAIS LHE AGRADOU.

LABORATÓRIO DA ARTE

QUANDO MISTURAMOS AS CORES PRIMÁRIAS, OBTEMOS OUTRAS CORES, CHAMADAS DE SECUNDÁRIAS.

MISTURE TINTA NAS CORES INDICADAS E PINTE AS FORMAS GEOMÉTRICAS COM AS CORES RESULTANTES. DEPOIS, ANOTE O NOME DA COR ABAIXO DESSAS FORMAS.

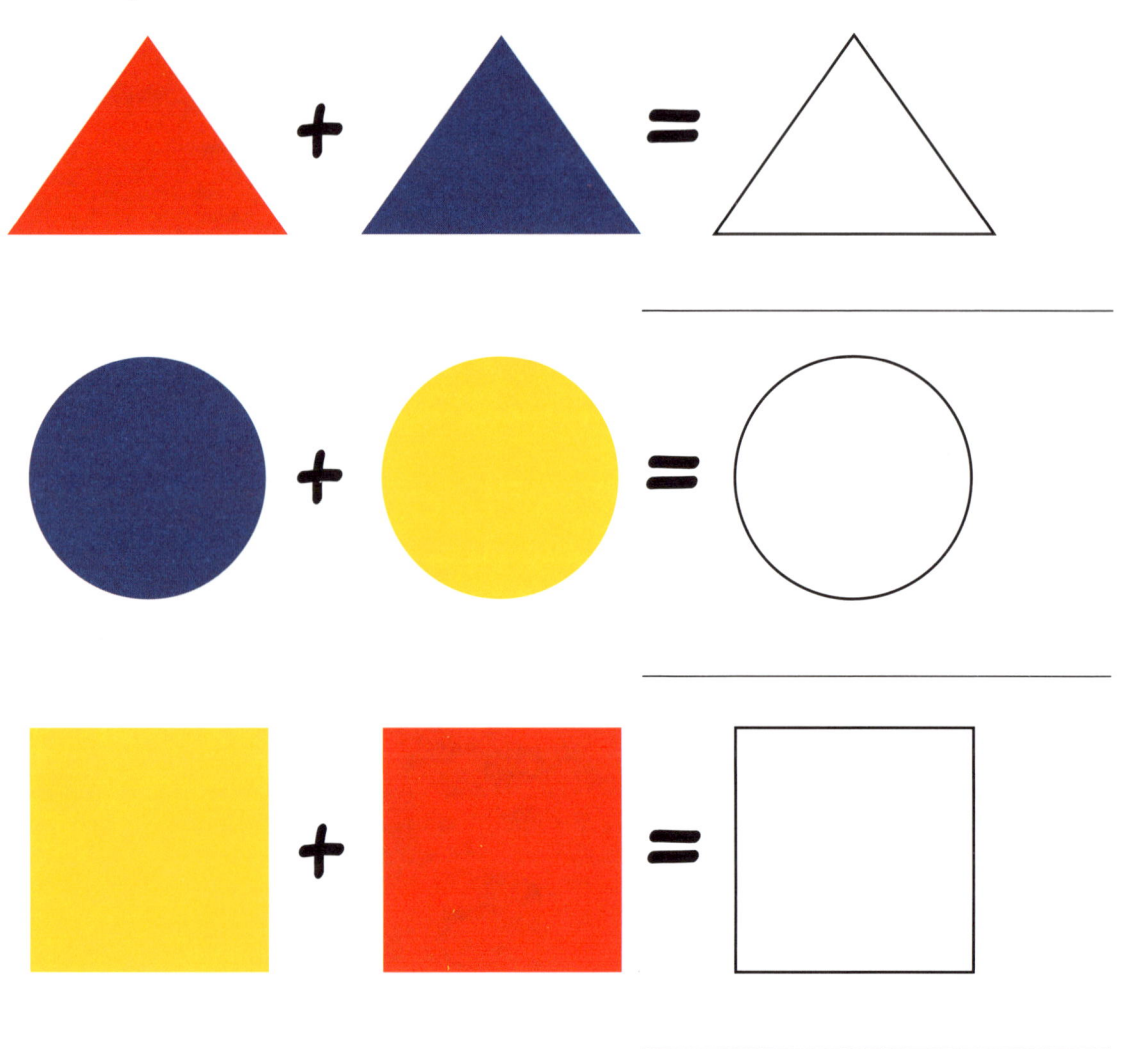

QUE CORES VOU CONSEGUIR SE EU MISTURAR AS CORES SECUNDÁRIAS?

GLAIR ARRUDA

24

ATIVIDADE PINTURA

AGORA, QUE TAL FAZER OUTRAS MISTURAS DE TINTA ENTRE CORES SECUNDÁRIAS?

ESCOLHA AS CORES E MISTURE-AS NUM PAPEL. UTILIZE AS CORES OBTIDAS E FAÇA UMA PINTURA NESTA PÁGINA.

SE A TURMA TODA REPARTIR AS MISTURAS, VOCÊS TERÃO OPÇÕES VARIADAS E AS PINTURAS FICARÃO MAIS COLORIDAS.

TÍTULO: _____

ALUNO: _____ Nº: _____ ANO: _____

BAÚ DE CURIOSIDADES

EM MUITOS LUGARES DO MUNDO, PESSOAS CONSTROEM DESENHOS CIRCULARES CHEIOS DE CORES. ESSES DESENHOS SÃO CONHECIDOS COMO MANDALAS.

NO TIBETE, OS MONGES FAZEM MANDALAS COM AREIA BEM FININHA E COLORIDA.

ESSE TIPO DE TRABALHO DEMORA MUITAS HORAS PARA FICAR PRONTO.

UM MONGE TRABALHANDO EM UMA MANDALA DE AREIA (C. 2000).

MANDALA FEITA COM AREIA COLORIDA (C. 2000).

ATIVIDADE MANDALA

AGORA, PINTE A MANDALA AO LADO.

PARA ISSO, VOCÊ DEVE TER OS SEGUINTES CUIDADOS:

- COMECE DO CENTRO;
- USE CORES IGUAIS PARA FORMAS IGUAIS;
- NÃO PINTE ESPAÇOS VIZINHOS COM A MESMA COR.

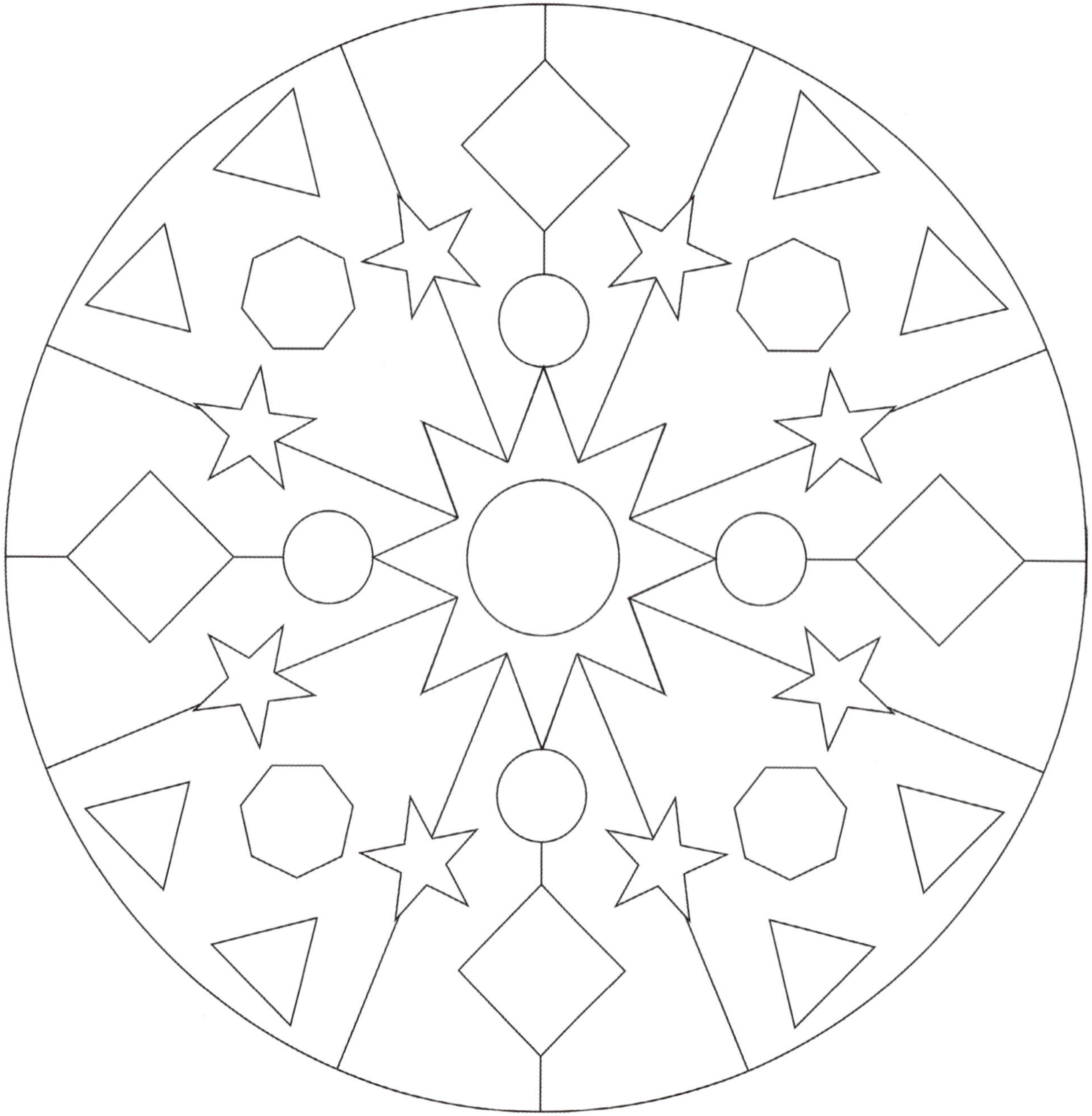

BRINCANDO

VOCÊ JÁ VIU UM PETELECO COLORIDO?

ESSE BRINQUEDO MISTURA CORES ENQUANTO VOA. PARA FAZER UM, SIGA AS INSTRUÇÕES AO LADO.

MATERIAL NECESSÁRIO
- CAIXA DE PAPELÃO CARTONADO
- CANETAS COLORIDAS
- TESOURA DE PONTA ARREDONDADA

INSTRUÇÕES

1. DESENHE O PETELECO NO VERSO DE UMA CAIXA DE PAPELÃO, USANDO O MOLDE DESTA PÁGINA. PINTE O MOLDE COM DUAS CORES.

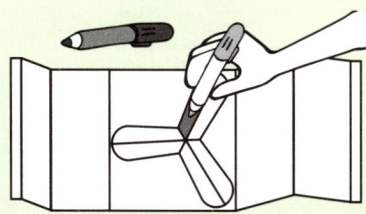

2. RECORTE O MOLDE JÁ PINTADO.

ILUSTRAÇÕES: GLAIR ARRUDA

3. FECHE UMA DAS MÃOS E COLOQUE O PETELECO APOIADO NELA.

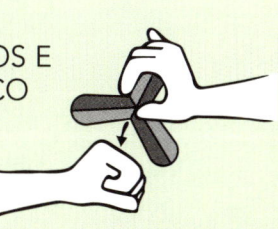

4. COM A OUTRA MÃO, DÊ UM PETELECO EM UMA DAS HASTES E FAÇA O BRINQUEDO GIRAR.

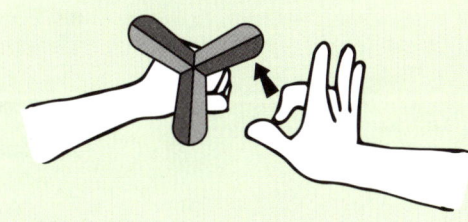

5. AGORA É SÓ OBSERVAR A MISTURA DAS CORES.

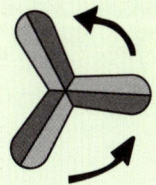

PRAZER EM CONHECER

NESTE TEMA, ESTUDAMOS OBRAS DE ALGUNS ARTISTAS. NESTA PÁGINA, VOCÊ PODE CONHECER UM POUCO MAIS SOBRE UM DELES.

TARSILA DO AMARAL
(CAPIVARI-SP, 1886 – SÃO PAULO-SP, 1973)

RETRATO DE TARSILA DO AMARAL, 1925, ACERVO PESSOAL

TARSILA VIVEU SUA INFÂNCIA EM UMA FAZENDA NO INTERIOR DE SÃO PAULO E, AINDA JOVEM, FOI ESTUDAR NA EUROPA.

EM SUA PINTURA, PODEMOS PERCEBER QUE OS DESENHOS TÊM FORMAS SIMPLIFICADAS (COMO A DE ALGUNS DESENHOS DOS ARTISTAS EUROPEUS) E CORES BEM BRASILEIRAS, QUE RECEBERAM O NOME DE "CORES CAIPIRAS".

PARA CONHECER MAIS ESSA PINTORA, VISITE COM O PROFESSOR ESTE *SITE*: <HTTP://WWW.TARSILADOAMARAL.COM.BR> (ACESSO EM 5 OUT. 2012).

COLEÇÃO MUSEU HERMITAGE S. PETERSBURGO

O PESCADOR (1925) – TARSILA DO AMARAL – ÓLEO SOBRE TELA (66 X 75 CM).

TEMA 3 — BRINQUEDO-ARTE

MUITOS ARTISTAS FAZEM MAIS DO QUE DESENHAR OU PINTAR BRINCADEIRAS. ALGUNS TRANSFORMAM BRINQUEDOS EM ARTE, E OUTROS CRIAM OBRAS QUE PARECEM BRINQUEDOS, MOSTRANDO NOVAS MANEIRAS DE BRINCAR COM O CORPO.

VEJA A OBRA *ROLÊ*, DE GUILHERME TEIXEIRA. PARA O ARTISTA, ELA É A UNIÃO ENTRE UM *SKATE* E UM GIRA-GIRA.

ROLÊ (2010) – GUILHERME TEIXEIRA.

VOCÊ JÁ IMAGINOU BRINCAR COM UMA OBRA DE ARTE?

PESSOAS INTERAGINDO COM A OBRA *ROLÊ*, DE GUILHERME TEIXEIRA.

ATIVIDADE — BRINQUEDOS MISTURADOS

VAMOS FAZER A UNIÃO ENTRE DOIS BRINQUEDOS?

PARA ISSO, ESCOLHA DOIS BRINQUEDOS BEM DIFERENTES.

CRIE AO LADO UM DESENHO MISTURANDO SUAS CARACTERÍSTICAS.

INVENTE TAMBÉM UM NOME PARA SUA CRIAÇÃO.

NOME: _____

OLHO-VIVO

O ARTISTA NELSON LEIRNER TAMBÉM USOU UM *SKATE* NA OBRA AO LADO. ELE COSTUMA UTILIZAR BRINQUEDOS EM VÁRIOS DE SEUS TRABALHOS.

VOCÊ CONSEGUE DESCOBRIR QUE OUTROS BRINQUEDOS O ARTISTA USOU NESTA OBRA?

ELE USOU ALGO QUE NÃO É BRINQUEDO?

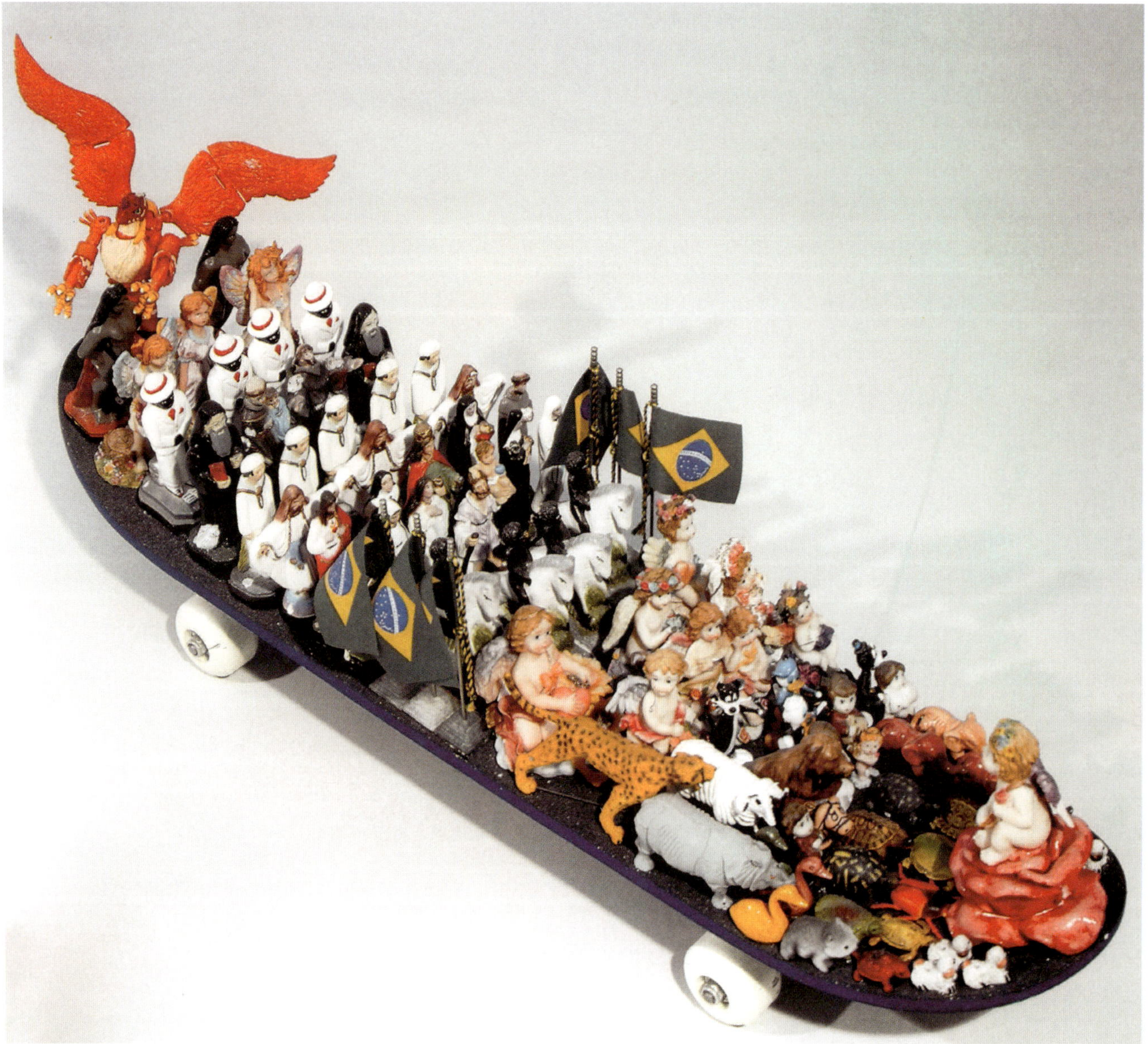

MISSAMÓVEL (2000) – NELSON LEIRNER – PLÁSTICO, GESSO, TECIDO E MADEIRA (32 X 27 X 86 CM).

ATIVIDADE ARTE DE BRINQUEDO

RECORTE IMAGENS DE BRINQUEDOS QUE VOCÊ ENCONTRA EM REVISTAS E EM ENCARTES DE LOJA.

COLE AS IMAGENS AO LADO, FORMANDO UMA CENA.

SE PRECISAR, COMPLETE A CENA DESENHANDO COM LÁPIS GRAFITE E LÁPIS DE COR.

MÁQUINA DO TEMPO

VOCÊ JÁ OUVIU FALAR EM *TOY ART*? SÃO BRINQUEDOS ESPECIALMENTE DESENHADOS POR ARTISTAS, ILUSTRADORES E GRAFITEIROS.

OS *TOY ART* COMEÇARAM A SER FEITOS NO ORIENTE E VIRARAM MANIA EM VÁRIOS PAÍSES DO MUNDO, INCLUSIVE NO BRASIL.

O MAIS CURIOSO É QUE NÃO SÃO BRINQUEDOS FEITOS PARA CRIANÇAS. EM GERAL, QUEM COLECIONA OS *TOY ART* SÃO OS ADULTOS.

SERÁ QUE ESSES ADULTOS ESTÃO QUERENDO SER CRIANÇA DE NOVO?

ERA UMA VEZ... UMA CAIXA DE LEITE!

OS ORGANIZADORES DO PROJETO "CUSTOMILK", DE PORTO ALEGRE-RS, CONVIDARAM VÁRIOS ARTISTAS PARA TRANSFORMAREM UMA CAIXA DE LEITE NUM *TOY ART*.

NESTA PÁGINA, VOCÊ PODE CONFERIR ALGUNS DOS BRINQUEDOS DESSE PROJETO.

CRIADO POR ELIANE BRUÉL.

CRIADO POR CUBOCC (SACER).

MEU *TOY ART* FICOU A MINHA CARA!

CRIADO POR BONGA TINTA LOKA.

CRIADO POR CAROL W.

CRIADO POR JOTAPÊ.

CRIADO POR E21.

ATIVIDADE MEU *TOY ART*

ESTE *TOY ART* FOI BASEADO EM UM ANIMAL BRASILEIRO, O LOBO-GUARÁ.

OS IDEALIZADORES QUERIAM CRIAR UM PERSONAGEM QUE FOSSE DEFENSOR DA NATUREZA.

VAMOS TRANSFORMAR ESSE *TOY ART*? PINTE, DESENHE OU COLE PAPÉIS COLORIDOS.

WASSABE TOY ART

TÍTULO: _____

ALUNO: _____ Nº: _____ ANO: _____

BAÚ DE CURIOSIDADES

BRINQUEDOS CRIADOS A PARTIR DE OBRAS DE ARTE TAMBÉM SÃO BEM INTERESSANTES.

REPARE NA RIQUEZA DE DETALHES PRESENTE NESTES BRINQUEDOS.

SANTA CEIA (2007) – MARCO PECE – RELEITURA DA OBRA *A ÚLTIMA CEIA*, DE LEONARDO DA VINCI, FEITA COM PEÇAS DE BRINQUEDO.

MONALISA (2007) – MARCO PECE – RELEITURA DA OBRA *MONALISA*, DE LEONARDO DA VINCI, FEITA COM PEÇAS DE BRINQUEDO.

MONALISA (C. 1503-1506) – LEONARDO DA VINCI – ÓLEO SOBRE MADEIRA (77 X 53 CM).

A ÚLTIMA CEIA (1495-1497) – LEONARDO DA VINCI – TÉCNICA MISTA (4,6 X 8,8 M).

39

BRINQUEDÃO

A ARTISTA FRANCESA NIKI DE SAINT PHALLE CRIOU MUITAS ESCULTURAS-BRINQUEDOS. UMA DELAS É O *GOLEM*, UMA ESPÉCIE DE "BICHO-PAPÃO" QUE SERVE DE ESCORREGADOR.

A NIKI ENTENDIA MUITO BEM DE DIVERSÃO!!!

ADOREI ESTA ESCULTURA!!!

FAÇA NA PÁGINA 87, NO FINAL DO LIVRO, O PROJETO DE UM BRINQUEDÃO PARA UM PARQUE.
ESSE BRINQUEDO PODE SER UM ESCORREGADOR, UMA GANGORRA, UM BALANÇO OU QUALQUER OUTRO.
PINTE COM TINTA GUACHE E DEIXE O VISUAL DO BRINQUEDO BEM CAPRICHADO.

O GOLEM (1972) – NIKI DE SAINT PHALLE – 9 X 14 X 16 M. ESTRUTURA CRIADA PARA UM PARQUE EM JERUSALÉM, ISRAEL.

40

BRINCANDO

QUE TAL CONSTRUIR UMA MAQUETE PARA SEU PROJETO DE BRINQUEDÃO PARA O PARQUE?

OBSERVE BEM OS DETALHES E MODELE COM MASSINHA COLORIDA.

FAÇA BOLINHAS, BLOCOS, PLACAS OU ROLINHOS DE ACORDO COM SEU DESENHO.

VOCÊ PODE USAR PALITOS (DE DENTE, DE SORVETE OU OUTRO) COMO FERRAMENTAS PARA FAZER OS DETALHES.

DEPOIS DE PRONTO, JUNTE SEU BRINQUEDÃO COM OS DE SEUS COLEGAS E FORME UM PARQUE COMPLETO.

DEPOIS, É SÓ BRINCAR COM A MAQUETE.

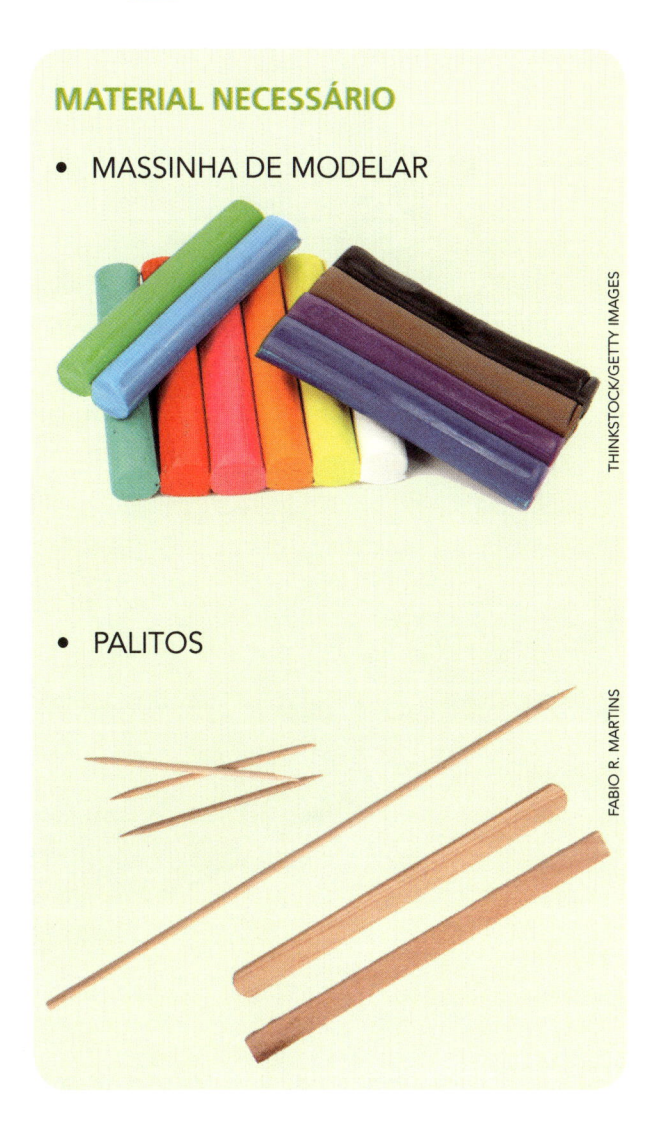

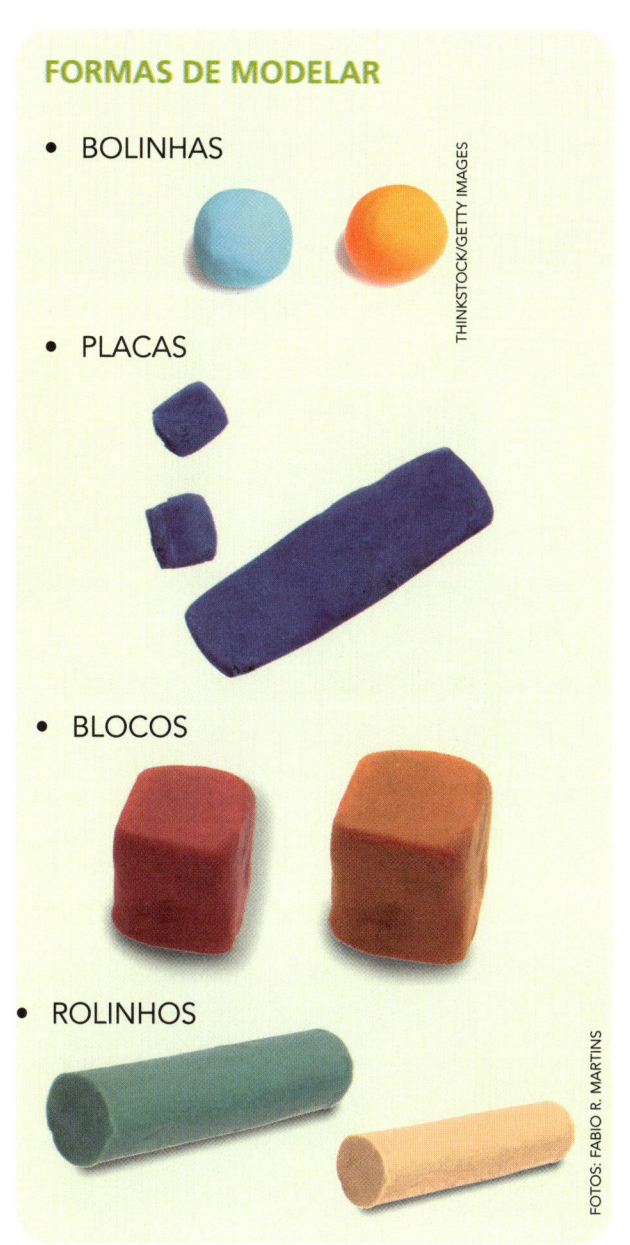

MATERIAL NECESSÁRIO

- MASSINHA DE MODELAR
- PALITOS

FORMAS DE MODELAR

- BOLINHAS
- PLACAS
- BLOCOS
- ROLINHOS

PRAZER EM CONHECER

NESTA PÁGINA, VOCÊ PODE CONHECER UM POUCO MAIS SOBRE UM DOS ARTISTAS ESTUDADOS NESTE TEMA.

NELSON LEIRNER
(SÃO PAULO-SP, 1932)

NELSON É DE UMA FAMÍLIA MUITO LIGADA À ARTE MODERNA.

SUAS OBRAS SÃO MUITO BEM-HUMORADAS E IRÔNICAS. ELAS SÃO FEITAS DE OBJETOS DO COTIDIANO E ENVOLVEM E INTERESSAM PESSOAS DE DIVERSAS IDADES.

FUTEBOL (2001) – NELSON LEIRNER – INSTALAÇÃO. TÉCNICA MISTA.

SEGUNDO BLOCO
A ARTE DE FAZER BRINQUEDOS

QUANDO VEMOS UM BRINQUEDO, NOSSO INTERESSE É BRINCAR LOGO COM ELE. MAS VOCÊ JÁ PENSOU EM COMO ELES SÃO PRODUZIDOS?

PRIMEIRO, É PRECISO MUITA CRIATIVIDADE PARA INVENTAR UM BRINQUEDO. ELE DEVE TER UM BOM VISUAL E APRESENTAR UMA BOA IDEIA.

EXISTEM PESSOAS QUE SE DEDICAM À CONSTRUÇÃO E AO DESENVOLVIMENTO DE BRINQUEDOS. ALGUMAS TRABALHAM PARA A INDÚSTRIA, DESENHANDO BRINQUEDOS QUE SERÃO PRODUZIDOS EM GRANDE QUANTIDADE. OUTRAS FAZEM BRINQUEDOS MANUALMENTE, UTILIZANDO TÉCNICAS PASSADAS DE PAI PARA FILHO.

BLOCOS DE MONTAR.

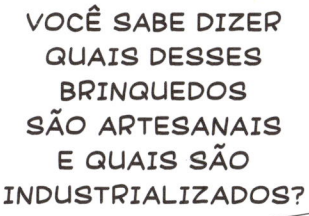

BURRO-MANCO.

PIÃO.

BONECA DE PANO.

CARRINHO.

VOCÊ SABE DIZER QUAIS DESSES BRINQUEDOS SÃO ARTESANAIS E QUAIS SÃO INDUSTRIALIZADOS?

QUAL DELES POSSUI CORES PRIMÁRIAS?

AVIÃO DE MADEIRA.

43

TEMA 4 — BRINQUEDOS DA CULTURA POPULAR

BONECAS ABAYOMI.

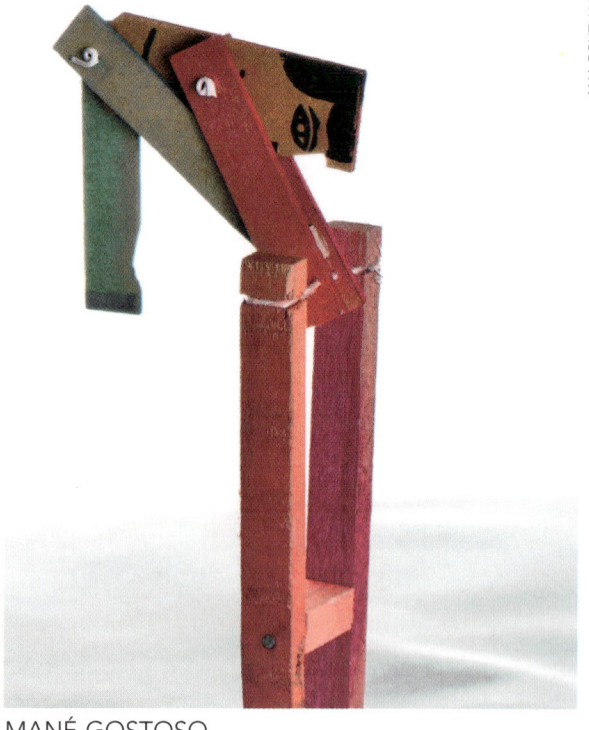

MANÉ-GOSTOSO.

APESAR DE A INDÚSTRIA DE BRINQUEDOS TER EVOLUÍDO MUITO, AINDA EXISTEM AQUELES FEITOS ARTESANALMENTE.

ESSES BRINQUEDOS APRESENTAM NOS DETALHES E NAS CORES UM POUCO DA HISTÓRIA DO POVO QUE OS FAZ.

OS BRINQUEDOS ARTESANAIS SÃO TÃO DIVERTIDOS QUANTO OS INDUSTRIALIZADOS.

VOCÊ TEM ALGUM BRINQUEDO ARTESANAL?

OLHO-VIVO

VOCÊ JÁ CONHECIA O MANÉ-GOSTOSO? ELE É UM BONECO ARTICULÁVEL PRESO ENTRE DUAS VARETAS.

PARA BRINCAR, É SÓ APERTAR AS VARETAS LATERAIS E O BONECO SE MOVIMENTA, DANDO PIRUETAS.

O QUE FALTA PARA ESTES ARLEQUINS DO ARTISTA JOAQUÍN TORRES GARCÍA SEREM MANÉS-GOSTOSOS?

VOCÊ CONSEGUE PERCEBER ALGUMA DIFERENÇA ENTRE ESSES ARLEQUINS?

NA PÁGINA 89, NO FINAL DO LIVRO, VOCÊ VAI ENCONTRAR INSTRUÇÕES E FIGURAS PARA FAZER UM BONECO ARTICULÁVEL, COMO OS ARLEQUINS DE JOAQUÍN TORRES GARCÍA.

ARLEQUINS (1925) – JOAQUÍN TORRES GARCÍA.

45

MAIS BRINQUEDOS

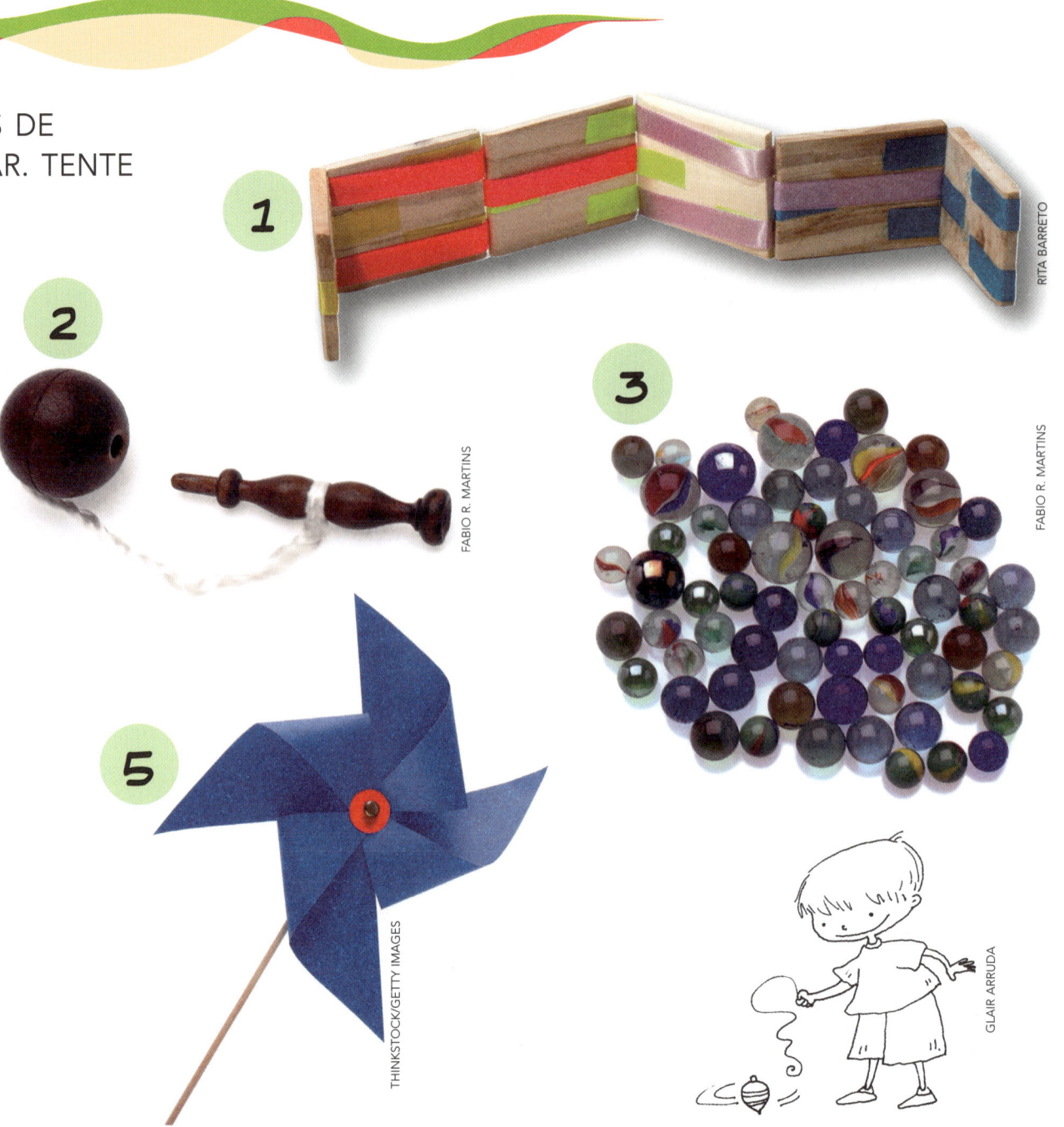

VEJA AGORA ALGUNS EXEMPLOS DE BRINQUEDOS DA CULTURA POPULAR. TENTE DESCOBRIR SEUS NOMES:

- BILBOQUÊ ( )
- CATA-VENTO ( )
- BOLINHAS DE GUDE ( )
- PETECA ( )
- ESCADA DE JACÓ ( )

BLOQUINHO DE ANOTAÇÃO

PESQUISE OUTROS BRINQUEDOS DA CULTURA POPULAR.

DEPOIS, COLE FOTOS OU DESENHE ESSES BRINQUEDOS. NÃO SE ESQUEÇA DE COLOCAR O NOME DELES.

MÁQUINA DO TEMPO

DIM É UM ARTISTA DO CEARÁ. DESDE MENINO, CONSTRÓI BRINQUEDOS DE MADEIRA.

ELE CONTA QUE UM DOS PRIMEIROS BRINQUEDOS QUE CONHECEU FOI O JOÃO-TEIMOSO:

> "[...] TINHA UM BRINQUEDINHO QUE TINHA UMAS ORELHINHAS PRA CIMA, QUE PARECIA UM COELHO, ERA TODO ENFEITADO COM PAPEL DE SEDA E PINTADINHO, A GENTE DERRUBAVA E ELE VOLTAVA, E EU GOSTAVA DEMAIS DESSE BRINQUEDO PORQUE ACHAVA INTERESSANTE ELE IR E VOLTAR [...]."
>
> DIM. DISPONÍVEL EM: <HTTP://WWW.MUSEUBRINQUEDIM.ORG.BR/BIOGRAFIA.HTML>. ACESSO EM: 6 FEV. 2013.

DIM É UM ARTISTA BRINCANTE. PARA SABER O QUE É UM BRINCANTE, LEIA A PRÓXIMA PÁGINA.

FAMÍLIA DE JOÕES-TEIMOSOS (2001) – DIM (ANTONIO JADER PEREIRA DOS SANTOS) – ACRÍLICA SOBRE PAPIETAGEM E ISOPOR.

BAÚ DE CURIOSIDADES

NO NORDESTE DO BRASIL, ALGUNS ARTISTAS POPULARES SÃO CHAMADOS DE BRINCANTES.

OS BRINCANTES CANTAM, DANÇAM, TOCAM INSTRUMENTOS E BRINCAM. DESSA FORMA, AJUDAM A PRESERVAR A CULTURA POPULAR.

A CIRANDA E O MARACATU SÃO EXEMPLOS DE MANIFESTAÇÕES DOS BRINCANTES.

CIRANDA (S/D) – SEVERINO BORGES – XILOGRAVURA.

MARACATU – PIABA DE OURO (S/D) – SEVERINO BORGES – XILOGRAVURA.

EU TAMBÉM QUERO SER BRINCANTE!!!

LABORATÓRIO DA ARTE

NA PÁGINA ANTERIOR, VOCÊ CONHECEU UM POUCO DO TRABALHO DE SEVERINO BORGES. SEUS DESENHOS SÃO FEITOS COM XILOGRAVURA. ESSA TÉCNICA É MUITO COMUM NA CULTURA POPULAR BRASILEIRA, PRINCIPALMENTE NO NORDESTE.

AGORA É SUA VEZ DE FAZER UMA MATRIZ.

FAÇA EXPERIÊNCIAS TROCANDO A MADEIRA POR PLAQUINHAS DE ISOPOR (PODEM SER BANDEJAS DESCARTÁVEIS).

NO LUGAR DA GOIVA, USE PALITO DE CHURRASCO OU UMA CANETA SEM TINTA.

O DESENHO FICOU AO CONTRÁRIO!!!

CABOCLO DE LANÇA (S/D) – SEVERINO BORGES – XILOGRAVURA.

O ARTISTA FAZ UM DESENHO NA MADEIRA COM UMA ESPÉCIE DE FACA CHAMADA GOIVA. ESSE DESENHO É A MATRIZ.

DEPOIS, PASSA TINTA SOBRE TODA A SUPERFÍCIE DA MATRIZ.

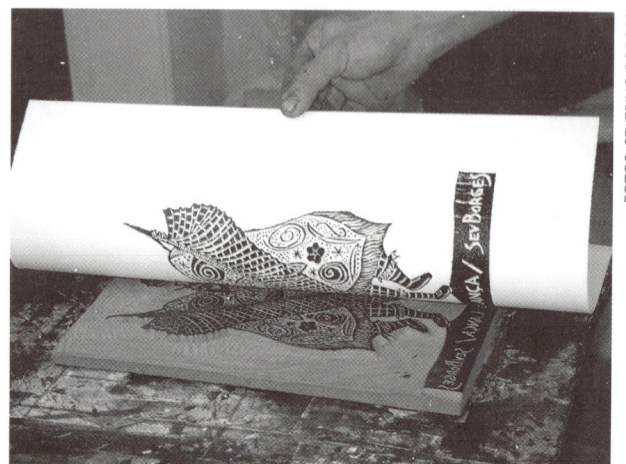

COLOCA UMA FOLHA DE PAPEL E, EM SEGUIDA, RETIRA DELICADAMENTE A FOLHA, OBTENDO UMA IMPRESSÃO.

ATIVIDADE "ISOGRAVURA"

PASSE TINTA GUACHE OU DE ARTESANATO, UTILIZANDO UM ROLINHO OU PINCEL. A TINTA DEVE SER PASSADA DE MANEIRA UNIFORME EM TODA SUA MATRIZ DE ISOPOR.

FAÇA VÁRIAS IMPRESSÕES E, A CADA CÓPIA, ACRESCENTE DETALHES (SE DESEJAR) E REFORCE TRAÇOS QUE ESTIVEREM MUITO FRACOS.

POR FIM, ESCOLHA A MELHOR IMPRESSÃO E COLE-A AO LADO.

TÍTULO: _____

ALUNO: _____ Nº: _____ ANO: _____

BRINCANDO

VOCÊ CONHECE O BRINQUEDO CHAMADO CORRUPIO? VAMOS FAZER UM?

MODO DE FAZER

1. PEÇA PARA UM ADULTO FURAR DOIS BURACOS EM CADA TAMPINHA.

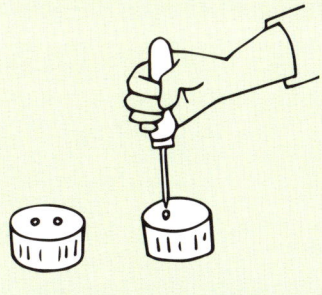

2. PASSE, NUM BURACO DA TAMPINHA, O BARBANTE DE DENTRO PARA FORA.

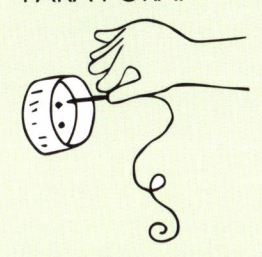

3. VOLTE O BARBANTE PELO OUTRO BURACO.

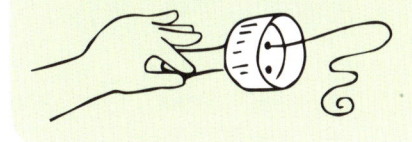

4. FAÇA ISSO COM A OUTRA TAMPINHA.

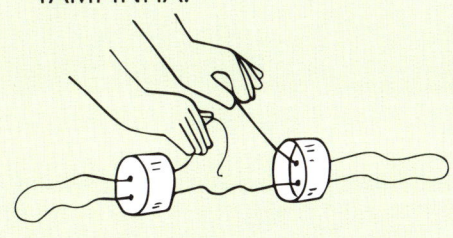

5. JUNTE AS DUAS PONTAS DO BARBANTE E DÊ UM NÓ.

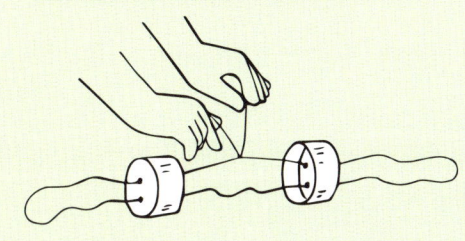

6. PUXE TODO O BARBANTE PARA FORA DAS TAMPINHAS, APROXIMANDO-AS. COLOQUE OS DOIS "DESEJOS" ENTRE ELAS. PENSE NOS DOIS DESEJOS.

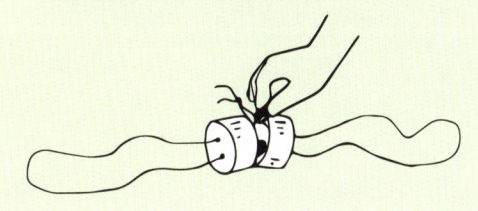

7. UNA AS DUAS TAMPINHAS COM FITA ADESIVA COLORIDA.

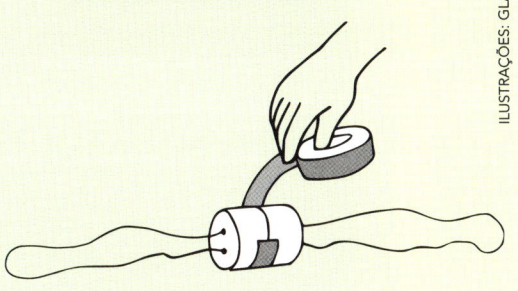

8. O CORRUPIO ESTÁ PRONTO! AGORA É SÓ BRINCAR!

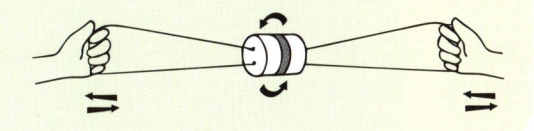

ILUSTRAÇÕES: GLAIR ARRUDA

MATERIAL NECESSÁRIO

- DUAS TAMPINHAS DE PLÁSTICO
- UM FURADOR
- DOIS "DESEJOS" (DUAS SEMENTES OU DUAS PECINHAS DE PLÁSTICO)
- UM PEDAÇO DE BARBANTE
- FITA ADESIVA COLORIDA

MODO DE BRINCAR

SEGURE AS DUAS PONTAS DO BARBANTE DEIXANDO O CORRUPIO NO MEIO.

GIRE BASTANTE, ENROLANDO O BARBANTE. PUXE O BARBANTE PARA FORA COM AS DUAS MÃOS.

VOLTE AS MÃOS PARA DENTRO, CONFORME A FORÇA DO BARBANTE. REPITA O MOVIMENTO.

ACERVO DA AUTORA

ATIVIDADE DESENHO DE OBSERVAÇÃO

PROCURE, EM SUA CASA, ALGUM EXEMPLO DE BRINQUEDO DA CULTURA POPULAR. PODE SER UM PIÃO, UMA BONECA DE PANO, UM CARRINHO DE MADEIRA, UMA PETECA OU QUALQUER OUTRO QUE TENHA SIDO FEITO ARTESANALMENTE.

COLOQUE ESSE BRINQUEDO EM SUA FRENTE E DESENHE-O NO ESPAÇO AO LADO. OBSERVE BEM TODOS OS DETALHES.

BRINQUEDOS INDÍGENAS

AS CRIANÇAS INDÍGENAS, COMO TODAS AS OUTRAS, GOSTAM DE BRINCAR. ELAS TÊM UM JEITO DE BRINCAR MUITO LIGADO À NATUREZA.

OS BRINQUEDOS DELAS SÃO FEITOS COM MATERIAIS RETIRADOS DO AMBIENTE EM QUE VIVEM.

POR ISSO, EM LUGARES ONDE EXISTE ARGILA NATURAL, AS CRIANÇAS INDÍGENAS BRINCAM COM BONECAS E FIGURAS FEITAS DESSE MATERIAL.

CERÂMICA DOS INDÍGENAS KARAJÁ.

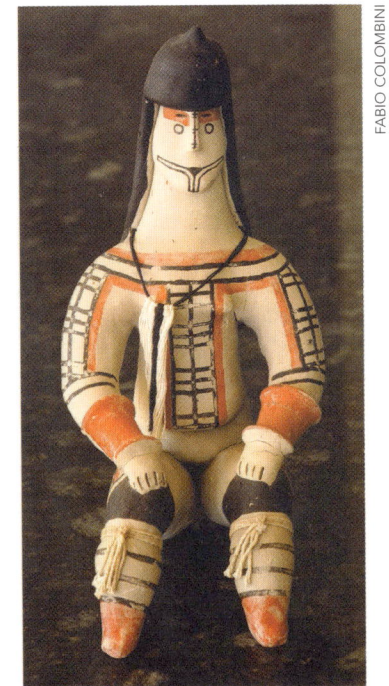

CERÂMICA DOS INDÍGENAS TERENA.

ATIVIDADE BRINCANDO COM ARGILA

PENSE NUM BRINQUEDO QUE VOCÊ POSSA MODELAR COM ARGILA.

DESENHE O PROJETO NESTA PÁGINA E MOSTRE PARA SEU PROFESSOR.

EM SEGUIDA, MODELE-O COM ARGILA.

DEPOIS DE SECO, VOCÊ PODE PINTÁ-LO.

DICAS

- USE AVENTAL PARA NÃO SE SUJAR.
- NÃO MOLHE MUITO A ARGILA PARA QUE ELA NÃO FIQUE QUEBRADIÇA AO SECAR.
- PROCURE NÃO FAZER PARTES MUITO FINAS, POIS ELAS COSTUMAM QUEBRAR QUANDO A ARGILA SECA.
- VEJA AS FORMAS DE MODELAR MASSINHAS NA PÁGINA 41.

PRAZER EM CONHECER

NESTA PÁGINA, VOCÊ PODE CONHECER UM POUCO MAIS SOBRE UM DOS ARTISTAS ESTUDADOS NESTE TEMA.

SEVERINO BORGES
(ESCADA-PE, 1968)

A XILOGRAVURA É PRATICADA POR MUITOS FAMILIARES DE SEVERINO E TORNOU-SE A FORMA DE EXPRESSÃO DESSE ARTISTA.

ELE REGISTRA, EM SEUS DESENHOS, VÁRIOS DETALHES DA CULTURA NORDESTINA.

PARA SABER MAIS, VISITE COM O PROFESSOR O *SITE* <HTTP://XILOGRAVURA.ZIP.NET>. (ACESSO EM 5 OUT. 2012).

DANÇANDO FORRÓ (S/D) – SEVERINO BORGES – XILOGRAVURA.

TEMA 5
CRIAÇÕES DE SUCATA

Como você já deve ter percebido, existem brinquedos feitos de vários tipos de material:

- Madeira;
- Tecido;
- Plástico;
- Borracha;
- Metal e outros.

É possível fazer brinquedos com praticamente todos os tipos de material. Até com aqueles que iriam para o lixo...

É interessante fazer um brinquedo com sucata porque a gente ajuda a conservar o ambiente e ainda se diverte!

GLAIR ARRUDA

FOTOS: GRUPO MURIQUINHOS

Brinquedos feitos com materiais reaproveitados pelo Grupo Muriquinhos.

58

ATIVIDADE TRANSFORMADOR DE EMBALAGENS

IMAGINE UM BRINQUEDO FEITO DE EMBALAGENS DESCARTADAS.

DESENHE NO QUADRO ABAIXO OS MATERIAIS QUE PRETENDE UTILIZAR E NO ESPAÇO MAIOR, AO LADO, O BRINQUEDO PRONTO.

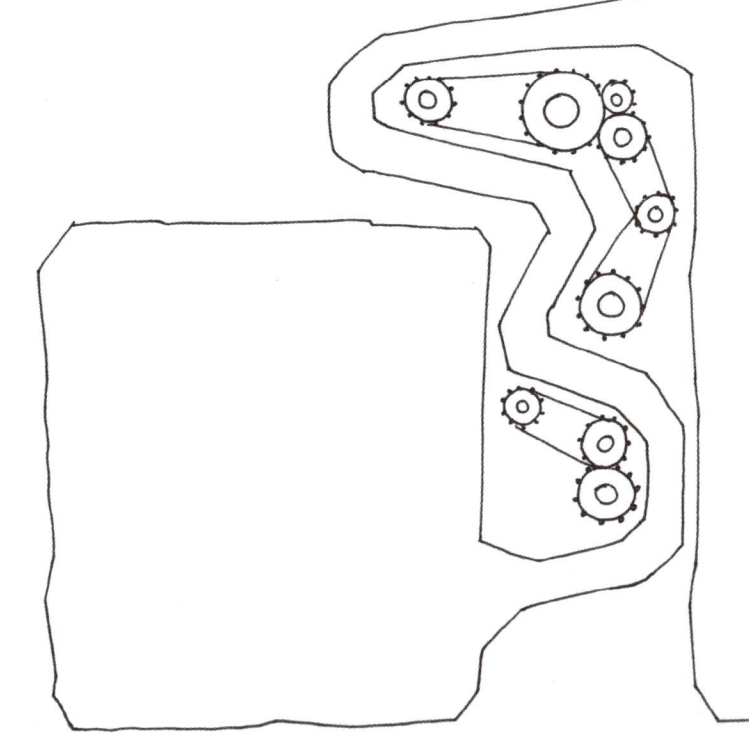

GLAIR ARRUDA

OLHO-VIVO

O ARTISTA ARTHUR BISPO DO ROSÁRIO EXPLOROU DIVERSOS MATERIAIS EM SUAS CRIAÇÕES.

VEJA AS OBRAS DESTA PÁGINA E RESPONDA: QUE MATERIAIS ELE USOU?

BISPO DO ROSÁRIO TAMBÉM COSTUMAVA DESFIAR ROUPAS VELHAS PARA CONSEGUIR LINHAS.

OBSERVANDO NOVAMENTE AS OBRAS, DIGA ONDE (OU COMO) ELE USOU AS LINHAS.

GRANDE VELEIRO (S/D) – ARTHUR BISPO DO ROSÁRIO.

CARROSSEL (S/D) – ARTHUR BISPO DO ROSÁRIO 58 X 54 CM.

BAÚ DE CURIOSIDADES

BISPO DO ROSÁRIO TINHA O HÁBITO DE COLECIONAR COISAS QUE ENCONTRAVA JOGADAS.

ELE SEPARAVA OS OBJETOS POR TIPO E ORGANIZAVA SOBRE UMA SUPERFÍCIE, FORMANDO UMA COMPOSIÇÃO COMO ESTAS QUE ESTÃO ABAIXO.

TAMANCO (S/D) – ARTHUR BISPO DO ROSÁRIO – MADEIRA, PLÁSTICO, TECIDO, PAPEL E BORRACHA (179 X 70 X 20 CM).

CANECAS (S/D) – ARTHUR BISPO DO ROSÁRIO – MADEIRA, ALUMÍNIO, METAL, PAPEL, PVA E TECIDO

REDENTOR DE ÓLEO (S/D) – ARTHUR BISPO DO ROSÁRIO – MADEIRA, BORRACHA, METAL E PAPEL (104 X 46 X 24 CM).

FOTOS: MUSEU BISPO DO ROSÁRIO – ARTE CONTEMPORÂNEA, RIO DE JANEIRO/RJ

LABORATÓRIO DA ARTE

SUCATÁRIO

VAMOS COLECIONAR OBJETOS DESCARTADOS COMO FAZIA O ARTISTA BISPO DO ROSÁRIO?

PODEMOS MONTAR UM SUCATÁRIO COM O MATERIAL COLETADO E DEPOIS UTILIZÁ-LO PARA CRIAR BRINQUEDOS.

SIGA AS DICAS PARA CRIAR SEU SUCATÁRIO:

- **OBSERVAÇÃO**
O PRIMEIRO PASSO É OBSERVAR ATENTAMENTE. AO GUARDAR UMA EMBALAGEM, PROCURE IMAGINAR O QUE SERÁ FEITO COM ELA.

- **LIMPEZA**
A EMBALAGEM PRECISA SER LIMPA E SECA ANTES DE SER GUARDADA. CASO CONTRÁRIO, ELA PODE CRIAR FUNGOS E FICAR COM UM CHEIRO MUITO DESAGRADÁVEL.

- **ORGANIZAÇÃO**
SE A SUCATA FOR GUARDADA MISTURADA E AMONTOADA, ELA PODE FICAR DANIFICADA.

SEPARE A SUCATA POR TIPO (PLÁSTICOS, PAPELÕES, METAIS ETC.). DEPOIS, ORGANIZE-A EM CAIXAS.

ASSIM, VAI FICAR MAIS FÁCIL QUANDO VOCÊ FOR USÁ-LA.

CRIE UMA PLACA COM O NOME DE SEU SUCATÁRIO NA PÁGINA 91, NO FINAL DO LIVRO.

JÁ SEI O QUE VOU FAZER COM ESSA EMBALAGEM!

BRINCANDO

UM BOM DESAFIO É POUSAR O COPINHO DE PÉ NO CHÃO.

O COPINHO VOADOR É UM BRINQUEDO BEM FÁCIL DE FAZER, MAS É NECESSÁRIO TREINAR UM POUCO PARA FAZÊ-LO VOAR.

MATERIAL NECESSÁRIO

- 2 COPOS DESCARTÁVEIS
- FITA ADESIVA COLORIDA
- BARBANTE FINO
- CANETA PARA CD

MODO DE FAZER

1. JUNTE OS DOIS COPINHOS PELA PARTE DE BAIXO.
2. COLE COM FITA ADESIVA COLORIDA.
3. DECORE COM CANETA PARA CD.

MODO DE LANÇAR

4. ENROLE O BARBANTE NO MEIO DO CORPO DO BRINQUEDO, DEIXANDO SOBRAR UM PEDAÇO DE BARBANTE.
5. SEGURE O BRINQUEDO ENTRE O INDICADOR E O POLEGAR. COM OS OUTROS DEDOS, SEGURE O PEDAÇO DE BARBANTE QUE SOBROU.
6. IMPULSIONE A MÃO DE BAIXO PARA CIMA.
7. QUANDO ESTIVER NO PONTO MAIS ALTO, ABRA O INDICADOR E O POLEGAR, SOLTANDO O COPINHO VOADOR. IMEDIATAMENTE, PUXE A MÃO PARA BAIXO SEM SOLTAR O BARBANTE. O COPINHO DEVE VOAR GIRANDO.

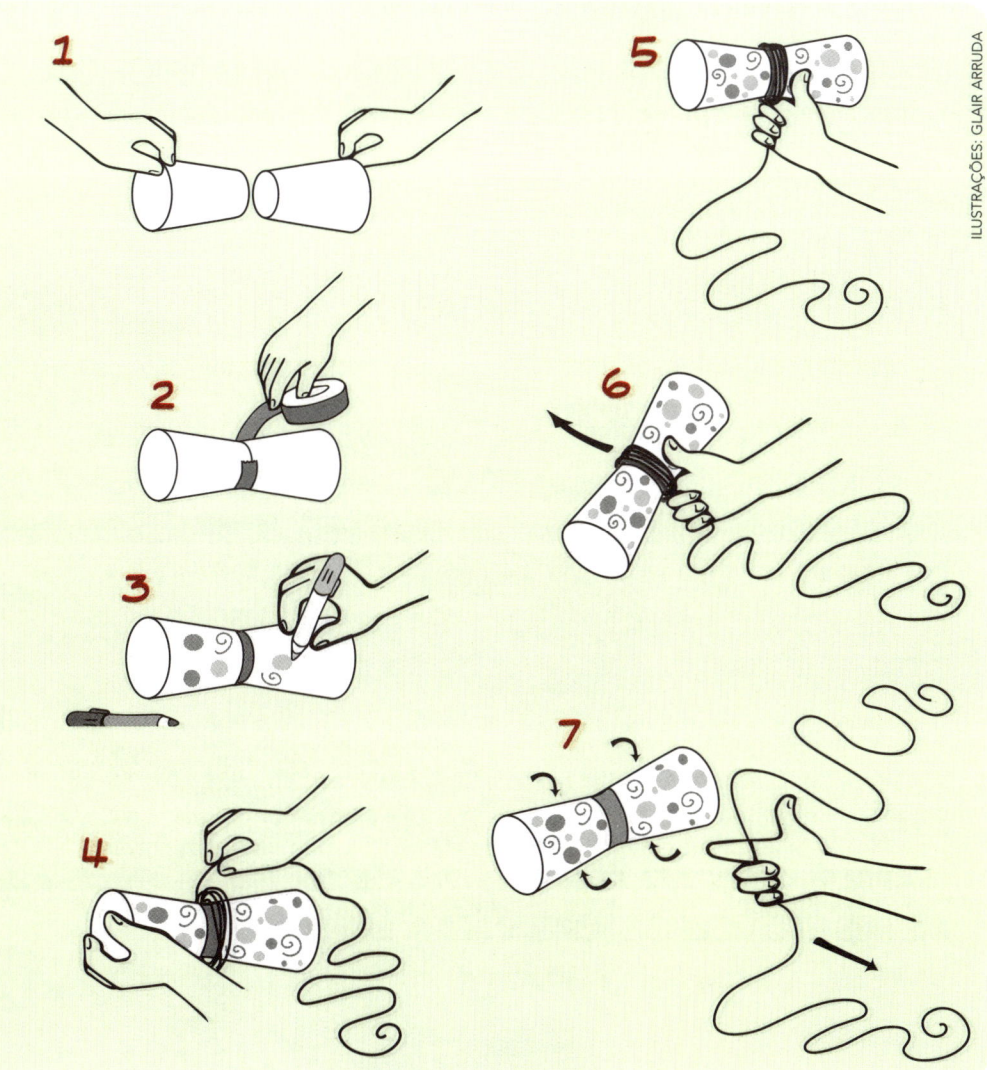

ILUSTRAÇÕES: GLAIR ARRUDA

JOGO DA VELHA

RECORTE UMA BANDEJA DE OVOS COMO INDICADO NA FIGURA, PARA FAZER SEU TABULEIRO DE JOGO DA VELHA.

PINTE A BANDEJA COM TINTA OU CANETA HIDROGRÁFICA.

JUNTE DEZ TAMPINHAS DO MESMO TAMANHO, CINCO DE UMA COR E CINCO DE OUTRA.

DECORE OU ENFEITE AS TAMPINHAS COM DESENHOS OU ADESIVOS IGUAIS.

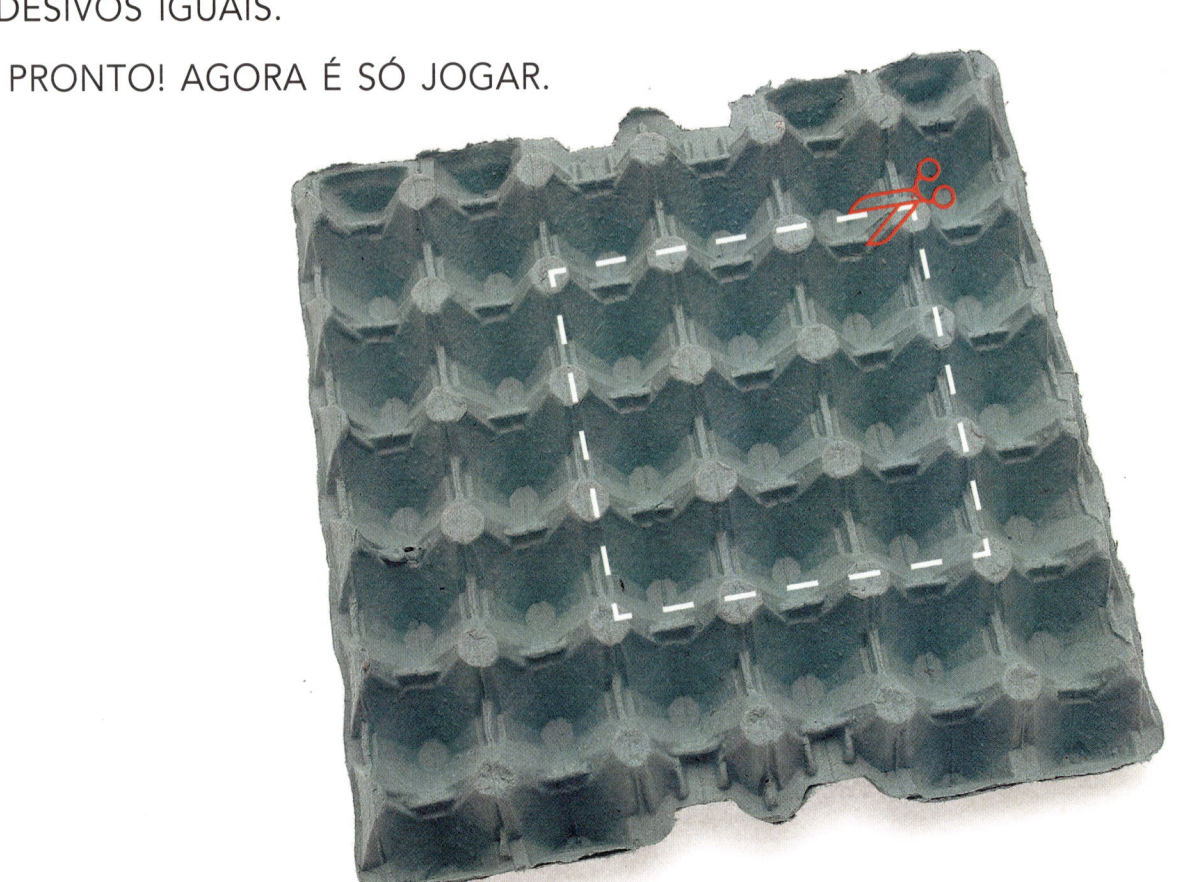

PRONTO! AGORA É SÓ JOGAR.

GANHA QUEM FIZER PRIMEIRO UMA FILEIRA DE TRÊS.

ATIVIDADE   MANUAL DE INSTRUÇÕES

PENSE EM UM BRINQUEDO QUE VOCÊ SAIBA FAZER (OU INVENTE UM) E FAÇA SEU MANUAL DE INSTRUÇÕES NESTA PÁGINA.

DESENHE OU ESCREVA AS ETAPAS DA CONFECÇÃO DE SEU BRINQUEDO.

NOME DO BRINQUEDO:

_____

_____

MODO DE BRINCAR:

_____

_____

_____

_____

_____

TÍTULO: _____

ALUNO: _____ Nº: _____ ANO: _____

MÁQUINA DO TEMPO

A ARTISTA LYGIA CLARK REVOLUCIONOU SUA ÉPOCA: ELA CRIOU ESTRUTURAS DE METAL QUE PODIAM SER TOCADAS E MANIPULADAS. ANTES DISSO, A MAIORIA DAS OBRAS DE ARTE PODIA APENAS SER OBSERVADA.

ESSAS OBRAS DE LYGIA RECEBERAM O NOME DE "BICHOS". NESSAS ESTRUTURAS, ERA POSSÍVEL MUDAR A FORMA, MEXENDO-SE AS PLACAS GRAÇAS A DOBRADIÇAS.

A IDEIA PARA ESTAS OBRAS SURGIU QUANDO LYGIA DOBRAVA UM GUARDANAPO PARA SEU FILHO.

GLAIR ARRUDA

BICHO EM SI Nº 00447B (S/D) – LYGIA CLARK – ESCULTURA METÁLICA ARTICULÁVEL.

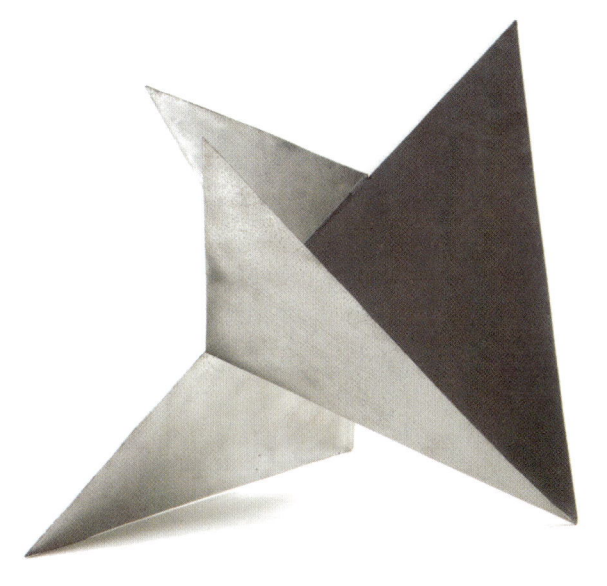

BICHO PONTA (S/D) – LYGIA CLARK – ESCULTURA METÁLICA ARTICULÁVEL.

BICHO DE BOLSO Nº 20361 (S/D) – LYGIA CLARK – ESCULTURA METÁLICA ARTICULÁVEL.

FOTOS: ASSOCIAÇÃO CULTURAL "O MUNDO DE LYGIA CLARK"

67

BICHO DOBRADO

O COME-COME É UMA DOBRADURA-BRINQUEDO QUE PODE SER MOVIMENTADA POR NOSSAS MÃOS, COMO OS "BICHOS" DA LYGIA CLARK.

SIGA AS INSTRUÇÕES E FAÇA SEU COME-COME:

MODO DE FAZER

1. ENCONTRE O CENTRO DE UMA FOLHA DE PAPEL QUADRADO, DOBRANDO NAS DUAS DIAGONAIS.
2. DOBRE AS QUATRO PONTAS ATÉ O CENTRO.
3. VIRE A DOBRADURA.
4. DOBRE NOVAMENTE AS PONTAS ATÉ O CENTRO.
5. VIRE DE NOVO A DOBRADURA.
6. VOLTE AS PONTAS QUE ESTÃO NO CENTRO ATÉ A EXTREMIDADE.
7. VIRE, MAIS UMA VEZ, A DOBRADURA.
8. DOBRE AO MEIO FORMANDO UM RETÂNGULO. FAÇA ISSO NAS DUAS DIREÇÕES INDICADAS.
9. COLOQUE OS INDICADORES E OS POLEGARES DENTRO DAS ABAS DE BAIXO, AJEITANDO SEU BRINQUEDO.

MODO DE BRINCAR

MARQUE AS ABAS DE CIMA COM CORES DIFERENTES. ABRA CADA UMA E ESCREVA MENSAGENS POSITIVAS.

PEÇA A UM COLEGA QUE DIGA UM NÚMERO DE **0** A **9**.

CONTE ABRINDO OS POLEGARES E INDICADORES ALTERNADAMENTE.

PEÇA AO COLEGA QUE ESCOLHA UMA COR E LEIA A MENSAGEM PARA ELE.

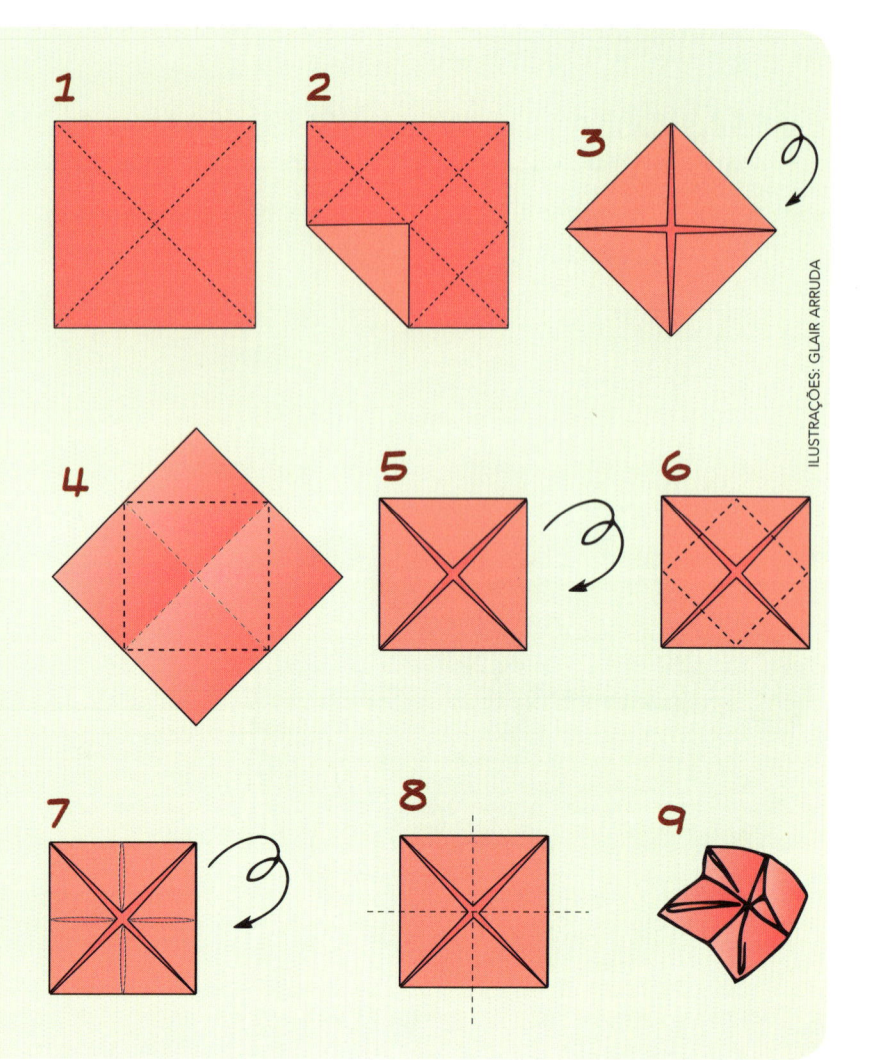

PRAZER EM CONHECER

NESTA PÁGINA, VOCÊ PODE CONHECER UM POUCO MAIS SOBRE UM DOS ARTISTAS ESTUDADOS NESTE TEMA.

LYGIA CLARK
(BELO HORIZONTE-MG, 1920 – RIO DE JANEIRO-RJ, 1988)

GRANDE PARTE DAS OBRAS DESSA ARTISTA ERA SENSORIAL, OU SEJA, ERA PRECISO TOCAR, VESTIR E ATÉ ENTRAR NA OBRA PARA PERCEBÊ-LA EM SEU TODO.

NO COMEÇO DE SUA CARREIRA, LYGIA PINTAVA QUADROS, MAS AOS POUCOS FOI PROCURANDO OUTRAS FORMAS DE FAZER ARTE.

SEU DESEJO ERA PRODUZIR A SÉRIE "BICHOS" PARA QUE MUITAS PESSOAS PUDESSEM BRINCAR COM ESSAS OBRAS.

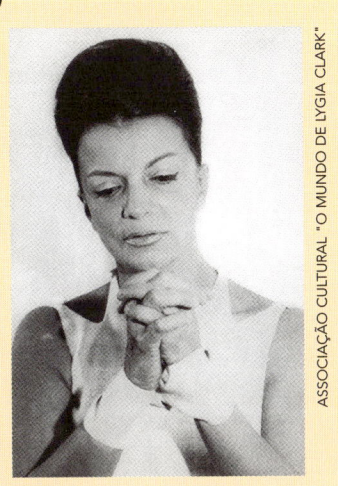

ASSOCIAÇÃO CULTURAL "O MUNDO DE LYGIA CLARK"

ASSOCIAÇÃO CULTURAL "O MUNDO DE LYGIA CLARK"

BICHO CARANGUEJO DUPLO Nº 20276 (1961) – LYGIA CLARK – ESCULTURA METÁLICA ARTICULÁVEL.

SUGESTÕES PARA O FECHAMENTO DO ANO

BRINCADEIRAS REUNIDAS

ESTAMOS CHEGANDO AO FIM DO ANO.

FOI UM ANO DE MUITA BRINCADEIRA E TAMBÉM DE MUITO APRENDIZADO.

VAMOS FAZER UM FECHAMENTO BEM LEGAL?

AQUI VOCÊ VAI ENCONTRAR QUATRO SUGESTÕES DE TRABALHOS PARA FINALIZAR O ANO.

ESCOLHA UMA DAS SUGESTÕES JUNTO COM SEUS COLEGAS E SEU PROFESSOR E MÃOS À OBRA!

GLAIR ARRUDA

UMA IMAGEM PARA MUITAS IDEIAS

O PINTOR NORTE-AMERICANO NORMAN ROCKWELL (1894-1978) RETRATOU MUITO BEM O PAÍS DE SUA ÉPOCA.

SEUS TEMAS INCLUÍAM A INFÂNCIA, A FAMÍLIA E TAMBÉM TEMAS POLÍTICOS.

ESTA OBRA DE NORMAN ROCKWELL PODE SERVIR DE INSPIRAÇÃO PARA O TRABALHO FINAL. PENSE E DISCUTA A RESPEITO DAS SEGUINTES PERGUNTAS:

- O QUE ELA TEM A VER COM O QUE ESTUDAMOS NESTE LIVRO?
- O QUE ESTÁ ACONTECENDO NA CENA?
- O QUE MAIS VOCÊ CONSEGUIU OBSERVAR?

NA PÁGINA 93, NO FINAL DO LIVRO, HÁ UMA SURPRESA PARA VOCÊ PINTAR, MONTAR E BRINCAR.

CORRIDA MORRO ABAIXO (1926) – NORMAN ROCKWELL.

UMA HISTÓRIA PARA A IMAGEM

A IMAGEM DA PÁGINA ANTERIOR NOS FAZ IMAGINAR TODA UMA HISTÓRIA, OU MESMO VÁRIAS HISTÓRIAS DIFERENTES.

INVENTAR HISTÓRIAS É UM BOM JEITO DE SE DIVERTIR.

VEJAM QUE HISTÓRIA LEGAL EU IMAGINEI A PARTIR DAQUELA IMAGEM...

GLAIR ARRUDA

UMA IDEIA DIVERTIDA

MARIANA E FRANCISCO RESOLVERAM CONSTRUIR UM BRINQUEDO.

NO QUINTAL DA CASA DELES, HAVIA UM DEPÓSITO CHEIO DE OBJETOS ABANDONADOS.

COM MUITA CRIATIVIDADE, RESOLVERAM APROVEITAR TUDO.

MARTELA DAQUI, AMARRA DALI E OS DOIS CONSTRUÍRAM O BRINQUEDO FAVORITO DE FRANCISCO: UM CARRO.

A INAUGURAÇÃO DO BRINQUEDO FOI EMOCIONANTE!!!

1ª SUGESTÃO   OFICINA DE CARRINHOS

QUE TAL PROMOVER UMA OFICINA DE CONSTRUÇÃO DE CARRINHOS?

CONVIDE UMA TURMA DE OUTRA CLASSE E ENSINE-A A FAZER CARRINHOS COM MATERIAIS REAPROVEITADOS.

DICAS PARA PREPARAR SUA OFICINA DE CARRINHOS

- CONSTRUA ANTES ALGUNS MODELOS PARA EXEMPLIFICAR A ATIVIDADE.
- SELECIONE E SEPARE OS MATERIAIS NECESSÁRIOS PARA A QUANTIDADE DE PESSOAS QUE VAI PARTICIPAR DA OFICINA.
- UTILIZE OS MATERIAIS DO SUCATÁRIO DE SEU GRUPO.
- AJUDE OS ALUNOS QUE TIVEREM DIFICULDADE.

COM OS CARRINHOS PRONTOS, SEU GRUPO PODE MONTAR UMA EXPOSIÇÃO DE CARRINHOS!

GLAIR ARRUDA

FOTOS: GRUPO MURIQUINHOS

CARRINHOS FEITOS COM MATERIAIS REAPROVEITADOS PELO GRUPO MURIQUINHOS.

INSTRUÇÕES PARA UMA PISTA DE CARRINHOS

SIGA AS INSTRUÇÕES DESTA PÁGINA E CRIE NA PÁGINA 95, NO FINAL DO LIVRO, UMA PISTA PARA CARRINHOS.

1. RECORTE RETÂNGULOS DE PAPEL PRETO OU CINZA E TIRINHAS DE PAPEL BRANCO.

2. COLE OS RETÂNGULOS DE PAPEL PRETO NA PÁGINA FORMANDO UM CAMINHO.

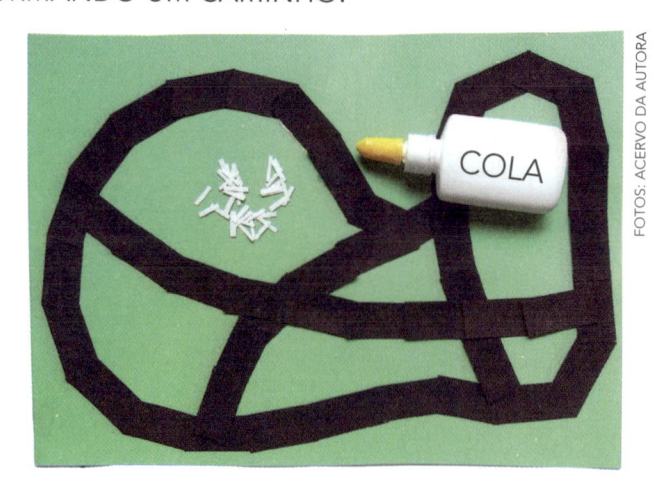

3. COLE AS TIRAS DE PAPEL BRANCO FORMANDO A MARCAÇÃO DA PISTA.

4. NOS ESPAÇOS VAZIOS, DESENHE DETALHES DA PAISAGEM (ÁRVORES, CASAS, LAGOS ETC.).

FOTOS: ACERVO DA AUTORA

2ª SUGESTÃO   CARRINHO DE PAPELÃO

Outra ideia é construir carrinhos com caixas de papelão que sejam grandes o suficiente para você vestir.

Os pneus, o volante e outros detalhes também podem ser feitos com materiais reaproveitados, como pratos descartáveis ou tampas de potes.

Com tiras de tecido, crie alças para seu carrinho.

Seu grupo pode promover um desfile dos carrinhos de papelão. Vai ser de parar o trânsito!!!!

3ª SUGESTÃO LIVRO

UMA BOA MANEIRA DE FINALIZAR O ANO É FAZER UM LIVRO COM HISTÓRIAS INVENTADAS A PARTIR DA IMAGEM DE NORMAN ROCKWELL.

COMO CONFECCIONAR UM LIVRO É MUITO TRABALHOSO, VOCÊ PODE FAZÊ-LO COM ALGUNS COLEGAS.

EU ADORO LER. E VOCÊ?

DICAS PARA CONFECÇÃO DO LIVRO

- **CAPA** – É A PRIMEIRA APRESENTAÇÃO DO LIVRO. NELA EM GERAL APARECEM O NOME DO LIVRO E O DOS AUTORES. ELA PODE SER FEITA COM A IMAGEM DE NORMAN ROCKWELL.
- **TEXTO** – É O CONTEÚDO DO LIVRO. PODE SER UMA HISTÓRIA COM O QUE VOCÊ APRENDEU SOBRE BRINCADEIRAS ATÉ ESTE MOMENTO.
- **ILUSTRAÇÃO** – COMPLEMENTA O TEXTO. VOCÊ APRENDEU VÁRIAS TÉCNICAS DE DESENHO, COLAGEM E PINTURA, QUE PODEM SER APROVEITADAS PARA REALIZAR O TRABALHO.
- **BIOGRAFIA DOS AUTORES** – É UM TEXTO QUE APRESENTA OS AUTORES DO LIVRO E UM POUCO DA VIDA DELES. PODE, INCLUSIVE, TRAZER UMA FOTO.

ATIVIDADE   CAPA DO LIVRO

FAÇA AO LADO O DESENHO DO MODELO DA CAPA DE SEU LIVRO.

NÃO SE ESQUEÇA DE COLOCAR O NOME DO LIVRO E DE SEUS AUTORES.

AGORA, INVENTE UM NOME PARA A EDITORA E PARA A COLEÇÃO, COMO APARECEM NA CAPA DA PÁGINA ANTERIOR.

4ª SUGESTÃO   TEATRO

VOCÊ TAMBÉM PODE FAZER UMA PEÇA DE TEATRO A PARTIR DA OBRA DE NORMAN ROCKWELL.

O TEATRO É UMA FORMA DE EXPRESSÃO MUITO ANTIGA.

AS PEÇAS DE TEATRO SÃO CAPAZES DE NOS TRANSPORTAR PARA OUTROS LUGARES E DE NOS TRANSFORMAR EM PERSONAGENS.

CENA DA PEÇA *O MENINO QUE BRINCAVA DE SER* (2008), ENCENADA PELO GRUPO PANDORGA COMPANHIA DE TEATRO.

ALÉM DE UMA BOA HISTÓRIA, PARA FAZER UMA PEÇA DE TEATRO PRECISAMOS DE:

- **ATORES** – PESSOAS QUE VÃO REPRESENTAR OS PERSONAGENS. DEPENDENDO DO CASO, É NECESSÁRIO TAMBÉM UM APRESENTADOR PARA NARRAR A HISTÓRIA.
- **CENÁRIO** – OBJETOS E ADEREÇOS QUE TRANSFORMEM O ESPAÇO NO LOCAL DA HISTÓRIA.
- **FIGURINO** – ROUPAS E ACESSÓRIOS PARA COMPOR OS PERSONAGENS.
- **SOM** – MÚSICA PARA CRIAR O CLIMA DA HISTÓRIA. VALE USAR MÚSICA GRAVADA, DE INSTRUMENTOS MUSICAIS E BARULHOS PRODUZIDOS POR OBJETOS.

QUE TAL DIVIDIR A TURMA EM QUATRO GRUPOS? ASSIM, CADA GRUPO FICA RESPONSÁVEL POR UMA PARTE DO TEATRO.

EU ADORARIA FAZER O SOM!

ATIVIDADE CONVITE

NESTA PÁGINA, CRIE UM CONVITE BEM LEGAL.

PODE SER UM CONVITE PARA O TEATRO, PARA A EXPOSIÇÃO, PARA A OFICINA OU PARA O LANÇAMENTO DO LIVRO (DEPENDE DA ESCOLHA DE SUA TURMA).

EU TAMBÉM TENHO UM CONVITE! ESPERO VOCÊ NO PRÓXIMO ANO!!!

GLAIR ARRUDA

TÍTULO: _____

ALUNO: _____ Nº: _____ ANO: _____